KB265176

쉽게 읽는
소교리 문답

쉽게 읽는 소교리 문답

초판 발행 2024년 10월 10일
지은이　　이 운연
펴낸이　　이 운연
펴낸 곳　　그라티아출판사
주소　　　경북 경산시 와촌면 계전길8길 22-17
전화　　　070-7164-0191
팩스　　　070-7159-3838
이메일　　luy4230@naver.com
디자인　　디자인집 02-521-1474
ⓒ 그라티아출판사 2024

값 12,500원

ISBN 979-11-87678-04-5 03230

그라티아
성경공부
시리즈

02

쉽게 읽는
소교리 문답

이 운연 지음

Contents

목 차

대학에서 오래전부터 『무엇을 믿고 어떻게 살 것인가』라는 책으로 기독교 교리와 윤리를 가르쳤습니다. 긴 세월이 흐르고 그 강의실에 참석했던 애제자 이 운연 목사가 전 세계의 장로교회 교리의 표준문서인 〈웨스트민스터 소교리 문답〉을 교회를 위해 쉬운 우리말로 새롭게 번역하고 해설한 책을 출판하였습니다. 이 운연 목사는 목회하는 신학자이고 또한 신학하는 목회자로서 연구와 집필, 그리고 강연과 출판의 활동을 통해 성실하게 교회를 섬겨왔습니다. 그러한 목회와 연구의 아름다운 결실을 이제 모든 교회에 나눌 수 있게 된 것을 기쁘게 생각하고 감사드립니다.

〈웨스트민스터 소교리문답〉은 칼뱅의 개혁신앙을 계승하는 청교도적 장로교인들이 중심이 되어 오늘날까지 교회와 가정에서의 교리교육에 널리 사용해왔습니다. 교리는 교회의 신앙과 생활에 대한 성경의 불변적 진리입니다. 그러나 문답서는 400여 년 전의 영어로 작성되었기에 서술된 불변적 진리의 내용을 그대로 담아 전달할 수 있는 오늘 우리의 언어와 의미로 정확히 번역해야 합니다. 그리고 교리를 오늘날 우리 교회가 처한 현실에 맞는 생생한 진리로 전하기 위해서 현대적 언어와 용이한 표현에 담아 실천적으로 적용할 수 있도록 해설되어야 합니다.

저자는 이러한 교회의 요구에 보다 성실하고 정확하게 부응하기 위해 목양하는 고민과 신학하는 노력으로 이 소중한 책을 저술하였습니다. 교회는 이 책을 개인과 가정의 성경공부를 위한 열쇠와 안내서로 제공할 수 있을 뿐만 아니라 직분자의 교리교육과 구역예배를 위해 유용하게 사용할 수 있으리라 믿고 추천합니다.

성경의 바른 진리를 떠난 거짓 신앙과 생활에 고통받고 혼란 속에 있는 현대 교회에, '무엇을 믿을 것인가'와 '어떻게 살 것인가'를 더욱 힘 있게 선포하고 가르칠 수 있는 교회의 교리교육 운동이 새롭게 일어나길 기대합니다.

이환봉 교수(고신대학교 신학과 명예교수, 전 개혁주의학술원 원장)

이번에 사랑하는 제자 이 운연 목사가 〈쉽게 읽는 소교리문답〉이라는 제목의 웨스트민스터소교리문답 해설서를 출판하게 된 것을 환영하고 축하합니다. 웨스트민스트소교리문답서는 1647년 영국 웨스트민스터대회에서 작성된 문서로서 웨스트민스터신앙고백서, 웨스트민스터대교리문답과 함께 장로교회의 교리표준문서로 교회의 사랑을 받아왔습니다. 이 문답서는 기독교신앙의 기본과 요체를 다루고 있고, 매주 2문씩 공부하면 일년간 공부할 수 있는 문서임에도 불구하고 한국교회에서는 이 문서에 대해 잘 알지 못하고 있습니다. 이는 실로 부끄러운 일입니다. 한국교회가 이런 신앙 문서를 가르치지 않았기 때문입니다.

장로교의 교리표준문서가 1907년 이후 한국에 소개되었고, 1924년에는 배위량 선교사가 웨스트민스트신앙고백서를 '신도게요셔'라는 이름으로 대소교리문답서를 소개한 바 있고 그 후에도 몇 차례 번역본이 소개된 바 있습니다. 예컨대, 1965년 '소요리문답요해'라는 이름으로 간략하게 소교리문답을 소개한 바 있고, 고신총회는 1981년 '웨스트민스터소요리문답'이라는 소책자를 출판한 바 있습니다. 이런 문서들은 그 시대적 사명을 감당했다고 생각합니다만 오늘의 젊은이들이 공부하기에는 부족한 점이 없지 않습니다.

이런 현실에서 저자가 원문을 쉬운 말로 새로 번역하고 간명하게 해설하여 누구나 읽고 공부할 수 있도록 이 책을 만들었습니다. 십 수년간 성도들을 가르쳐 왔던 내용을 지난 여름 지리한 폭염과 싸우면서 마무리 한 것은 다음 세대 한국교회의 지도자들을 향한 거룩한 열정의 결실이라고 생각합니다. 이 책을 보면 금방 알 수 있듯이 소교리문답서를 15주 동안 공부할 수 있도록 구성하였고, 또 내용이 쉽고 명료할 뿐 아니라 기독교교리를 간명하게 해설하고 있습니다. 그리고 일상의 삶에 적용하고 신앙고백적인 삶을 살 수 있도록 안내하고 있습니다. 이런 점에서 이 책은 교회에서나 가정에서 혹은 소그룹에서 같이 공부하면 유익한 공부가 되리라 확신합니다. 이 책은 오늘 한국교회에 꼭 필요한 책입니다. 이 책을 읽고 공부하는 이들을 그리스도의 풍성한 분량에 이르게 인도할 것으로 확신하며 이 책을 추천합니다.

이상규(전 고신대학교 교수, 현 백석대학교 석좌교수)

이 운연 목사님이 『성경으로 풀어낸 사도신경』(2016년)에 이어 8년만에 『쉽게 읽는 소교리문답』을 냅니다.

장로교회의 표준문서중 하나인 소교리문답은 특히 교회 내 아이들과 청소년들을 교육하기 위해 만들어진 문서입니다. 대요리문답에 비해 조항수도 작을 뿐 아니라 설명도 매우 간결합니다. 따라서 장로교 교육이 제대로 이루어지는 시대에는 107개의 문답을 외우고 익히는 것이 일반적이었습니다. 물론 현재도 어떤 교회에서는 직분자가 되기 위해서는 107개의 문답을 다 암송하게 하는 곳도 있습니다. 놀랍고 고무적인 일입니다.

이 책은 107개의 문답을 15주차에 걸쳐 매일 조금씩 묵상하고 음미할 수 있도록 편집을 했습니다. 교회 내 모든 이들이 큰 부담감 없이 성경책과 더불어 같이 읽어 나갈 수가 있습니다. 내용을 쉽게 설명했을 뿐 아니라, 원문을 살펴서 본문에 대한 정확한 이해도 도와주고 있습니다. 이미 소교리문답에 익숙한 교우들은 복습용으로 사용하고, 장로교회를 다니면서 우리가 믿는 바가 무엇인지를 알고 싶은 분들은 이 교재를 펼쳐서 진지하게 공부를 해보시기를 권합니다. 우리의 믿음은 단순히 감정적 체험이나 실천에만 제한 되지 아니하고, 우리가 믿는 바 그 내용에 대한 분명한 이해와 지식을 기반으로 하고 있습니다. 이런 점에서 이러한 책들을 배우고 익히는 것은 필수적입니다.

이상웅 교수(총신대학교 조직신학)

십대 시절, 『역사란 무엇인가』와 같은 위대한 고전의 청소년 용 축약판을 읽고 크게 감명 받았던 기억이 있습니다. 나중에 어른이 되어 그 책을 원본으로 다시 읽게 되었을 때 더 큰 감동이 밀려온 기억도 납니다. 위대한 고전이 때론 어린이나 청소년을 위해 쉽게 번역되어야 하는 이유가 여기에 있습니다.

신앙고백서도 마찬가지입니다. 웨스트민스터 소교리문답은 교회 학교 학생들을 위해 너무나 좋은 신앙고백서이지만, 나온지 거의 400년이 다 되어 갑니다. 그러니 오늘날 교회의 어린이들이나 청소년들이 읽고 이해하기에 어려운 단어나 표현이 적지 않습니다.

이 책은 고전을 일찍부터 접할 수 있도록 안내해 주는 쉬운 번역서라고 생각하면 될 것 같습니다. 물론 저자의 의역이 완전히 마음에 들지 않는 부분도 있으리라 생각합니다.

하지만 이 책은 전체적으로 쉽고 매끄러운 번역과 간략하고 핵심을 짚는 설명을 통해 소교리문답이라는 고전적 신조가 교회의 다음 세대에게 매우 친숙하게 다가가게끔 도와주고 있습니다. 단지 다음 세대뿐만 아니라 새가족이나 교리

『쉽게 읽는 소교리 문답』은 성육신의 미덕이 한껏 서려 있는 책입니다. 예수 그리스도께서 하늘 보좌를 버리고 인간의 수준까지 내려와 자신을 지극히 낮추신 것처럼, 이 책 역시 17세기 문서인 '웨스트민스터 소교리 문답'의 핵심 내용은 놓치지 않은 채 초신자의 수준까지 내려와 현대적 언어로 누구나 쉽게 읽고 이해할 수 있도록 꾸며낸 성육신화된 책입니다.

사실 신학 용어는 그 나름의 역사성과 개념성을 가지고 있으므로 함부로 손대면 손대지 않으니만 못할 때도 많습니다. 하지만 『쉽게 읽는 소교리 문답』은 소교리 문답의 신학 용어를 쉽게 풀어 썼음에도 불구하고 그 본연의 의미가 희석되거나 사라지지 않도록 부단히 애쓴 흔적이 곳곳에서 선명히 드러나고 있습니다. 만약 초등학교 어린 학생들이 이 책을 읽고 소교리 문답의 핵심 내용을 제대로 이해할 수만 있다면 이 책은 성공 중 성공입니다. 확신하건대 이미 이 성공은 따 놓은 당상이라는 점, 일고의 의심 없이 확신하는 바입니다!

박재은 교수(총신대학교 신학과 조직신학, 교목실장)

왜 소교리문답인가?

10여년 전부터 교리문답 열풍이 불었습니다. 책들도 많이 나왔습니다. 하지만 여전히 교리문답은 만만치 않습니다. 신학을 공부한 목회자들도 때론 버거워합니다. 이유는 하나입니다. 번역 때문입니다. 번역문이 어려워서 그렇습니다.

왜 이렇게 어려울까요? 교리문답은 약 400년 전 글입니다(1647년). 그것도 영국 책입니다. 현대 영국인도 이해하기 쉽지 않은지 현대 영어로 '번역한' 문서들도 더러 있습니다. 영국, 미국교회도 그러니 우리는 어떻겠습니까? 시대 차이에다 언어 차이까지 겹쳐 우리에겐 당연히 더 어렵습니다.

쉽게 읽는 교리문답

그래서 쉬운 말로 번역해봤습니다. 소교리문답은 목회자를 위한 책이 아닙니다. 일반 성도를 위한 책입니다. 그 취지를 살려서 쉬운 말로 풀어봤습니다. 어려운 신학 용어까지 다 풀었습니다. 어려운 신학 용어를 꼭 써야 될 때는 해설 부분에서라도 쉽게 이해할 수 있도록 풀어 설명했습니다. 그래서 쭉 읽어나가면 누구나 쉽게 이해할 수 있도록 했습니다.

쉽게 풀었다고 해서 교리문답 원전에 있는 내용을 바꿨다는 말은 아닙니다. 덧붙이지 않았습니다. 물론 빼먹지는 더더욱 않았습니다. 쉽게 이해할 수 있도록, 말 그대로 '풀어'냈습니다. 이 책의 목표는 "누구나 쉽게 읽을 수 있는 교리문답"입니다.

어떤 사람들을 위한 책인가?

1. 직분자들

교회에서 장로, 집사, 권사 등 직분자 임직식 때 서약이 있습니다. 그 중 이런 문항이 있습니다. "웨스트민스터 신앙고백서와 대소교리문답을 믿고 따르기로 서약하십니까?" 자신 있게 "예!"라고 답하실 수 있게, 직분자 교육 중인 분, 예비 직분자들이 읽으시면 좋겠습니다. 이미 임직하신 직분자들이 함께 하시면 더 좋겠습니다.

2. 다음 세대

교회의 다음 세대들의 신앙 기초를 든든하게 하기에 좋은 책입니다. 애초에 교리문답 자체가 그런 것입니다. 중학생들도 읽을 수 있습니다. 그렇다고 대학생들에게도 수준 낮지 않습니다.

3. 세례를 준비하는 신자들

교리문답은 고대교회에서는 세례 받을 준비를 하는 신자들을 훈련시키기 위해 만들었습니다. 종교개혁 시대에는 유아세례를 받은 청소년들이 처음 성찬에 참여할 때, 지금 말로 하자면 입교를 할 때 교육용으로 만든 경우가 많습니다.

이 책도 교리문답 본연의 목적에 맞게 번역했습니다. 세례준비반, 입교반 등에서 공부하기 좋습니다. 물론 새신자반에서 쓰기에도 아주 좋습니다.

4. 가정예배용

이 책이 가정예배용으로 활용되기를 가장 기대합니다. 가정예배를 드리고 싶지만 어떤 식으로 해야 할지 몰라 드리지 못하고 있는 가정, 부모님들에게 권하고 싶습니다. 매일 예배를 드린다면 한 문답씩 읽어 나가면 됩니다. 예배를 일주일에

한번을 드려도 활용 가능합니다. 원하시면 교리문답 한 문항씩 카드 모양으로 보내드릴 수 있습니다.

부디 이 교재가 그리스도의 교회를 더 든든히 세워가는 데 한줌 거름이 되기를 기도합니다.

2024, 뜨거운 광복의 날에
촌목(村牧) 이 운연

소교리문답 얼개

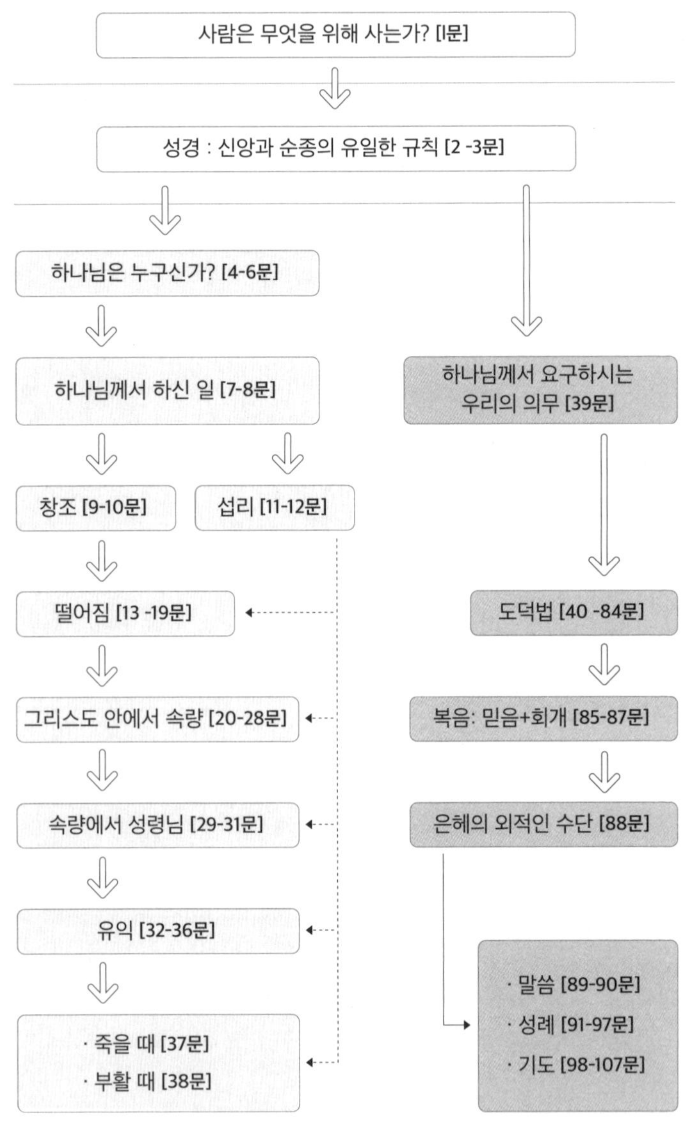
사람은 무엇을 위해 사는가? [1문]
성경 : 신앙과 순종의 유일한 규칙 [2 -3문]
하나님은 누구신가? [4-6문]
하나님께서 하신 일 [7-8문]
창조 [9-10문]
섭리 [11-12문]
떨어짐 [13 -19문]
그리스도 안에서 속량 [20-28문]
속량에서 성령님 [29-31문]
유익 [32-36문]
· 죽을 때 [37문]
· 부활 때 [38문]
하나님께서 요구하시는 우리의 의무 [39문]
도덕법 [40 -84문]
복음: 믿음+회개 [85-87문]
은혜의 외적인 수단 [88문]
· 말씀 [89-90문]
· 성례 [91-97문]
· 기도 [98-107문]

1문 사람은 무엇을 위해 살아야 합니까?
답 사람은 언제나 하나님을 높이기 위해서,
   즉, 언제나 하나님을 즐기기 위해 살아야 합니다.

1. "언제나"(forever)

모든 소교리문답 번역서에서는 '영원토록'으로 번역합니다. 하지만 영어사전들을 보면 '항상(always)'이라는 뜻도 있다고 나옵니다. 인생은 영원하지 않습니다. 영원은 하나님 몫입니다. 사람한테 "늘, 언제나"가 어울리죠.

언제나 하나님을 높이고, 계속해서 하나님을 즐겨라.

2. 하나님을 높이다(to glorify God)

이 표현은 성경에는 '하나님을 영화롭게 한다, 영광을 돌린다'로 번역되었습니다. 모든 교리문답 번역서는 '영화롭게 한다'로 돼 있습니다. 교회에서는 '하나님께 영광을 돌린다'는 말을 더 많이 씁니다. 그런데 좀 어렵죠? 하지만 이 두 표현은 교회에서 자주 사용되니까 알아 둬야 합니다. 이 말은 쉽게 풀면, '하나님을 높이다'라는 뜻입니다.

하나님을 어떻게 높일 수 있을까요?

1) 별로 잘난 것이 없는 사람이 하나님을 찾아갈 때 하나님은 높아지십니다.

우리가 잘 해서, 공부든 일이든 잘 해서 '잘 나가게' 되면 하나님께 영광이 될까요? 놀랍게도 성경은 그렇게 말하지 않습니다. 오히려 하나님은 "어려울 때 나를 찾아와. 그게 나를 높이는 길이야!"라고 하십니다.

"환난 날에 나를 부르라 내가 너를 건지리니 네가 나를 영화롭게 하리로다."(시편 50:15)

환난 날이란, '어렵고 힘들 때'란 뜻입니다. 몸이 아프든, 마음이 편치 못한 일이든, 경제적으로 쪼들리든, 좌우지간 힘들 때입니다. '잘 나가는 것'과는 정반대로 '망했을 때', 어려울 때 하나님을 부르면 하나님께서 우리를 도와주시고, 그 결과 우리가 하나님을 영화롭게, 영광스럽게 한다고 말씀하십니다. 하나님이 높아집니다.

우리는 훌륭한 사람이 되고, 높아지고, 그렇게 될 때 하나님을 높인다고 착각합니다. 오히려 우리가 어려울 때가 하나님을 높일 기회라고 말씀하십니다. 하나님을 부르면 그 어려움에서 우리를 건져주시겠다고 우리에게 외치십니다. 그렇게 건져 주시면 놀랍게도 하나님이 높아지십니다. 어떻게요?

"우와, 쟤 좀 봐. 엄청 빌빌 대고 힘들어 하더니, 얼굴이 확 폈네. 하나님이 지켜준다더니 진짜인가 봐."

자신의 백성을 향한 하나님의 사랑은 그렇게 드러납니다. 그러면 하나님께서 우리 때문에 높아지십니다. 그 사랑 때문에요.

예수님께서는 주기도문에서 "아빠!", 하면서 하나님께 기도하라고 가르쳐 주셨습니다. 어려울 때일수록 하나님 아빠께 기도하면 우리는 하나님을 영화롭게 할 수 있습니다. 높이게 됩니다. 우리가 어려움에 빠졌을 때, 하나님 앞에 엎드려 기도를 시작하면, 하나님은 이미 높아지시기 시작합니다. 이런 의미에서 위기는 기회입니다.

2) 우리가 착하게 살 때, 즉 하나님의 백성답게 살 때, 하나님은 높아지십니다.

예수님께서 말씀하셨습니다. 마태복음 5:16입니다. "그들로 너희 착한 행실을 보고 하늘에 계신 너희 아버지께 영광을 돌리게 하라." 능력있는 사람만 하나님을 높일까요? 아닙니다. 착한 사람이 하나님을 영광스럽게 합니다.

1문 사람은 무엇을 위해 살아야 합니까?
답 사람은 언제나 하나님을 높이기 위해서,
   즉, 언제나 하나님을 즐기기 위해 살아야 합니다.

3. 하나님을 즐기라(to enjoy God)

엔조이(enjoy)는 '즐기다'는 뜻입니다. 음악을 너무 좋아해서 길 가면서도 이어폰 끼고 다니며 음악을 듣는다면, 음악을 '즐기는' 사람입니다. 게임을 즐기기도 하고, 축구를 즐기는 사람도 있습니다.

마찬가지로 하나님을 '즐겨야' 합니다. 조금은 의아합니다. 하나님을 즐기라고? 재밌을까? 이 교리문답을 만드신 분들은 참 경건하고 엄격하신 목사님들이었습니다. 그런 분들이 우리를 굉장히 '부담스럽게' 하실 줄 알았는데, 처음부터 '엔조이'(enjoy)하라고 하시네요.

앞으로 이 교리문답을 통해서 하나님을 즐기는 법을 배워 보기로 합시다.

\# 대부분의 교리문답 번역서는 이 구절을 "하나님을 즐거워한다"라고 번역했습니다. '즐기다'랑은 조금 뜻이 다른 거 같지 않나요?

2문 하나님께서는 어떤 규칙을 주셔서
하나님을 높일 수 있게,
즉 하나님을 즐길 수 있게 하셨습니까?
답 하나님의 말씀입니다.
신구약 성경에 담긴 하나님의 말씀만이
어떻게 하나님을 높이는지,
즉 하나님을 즐겨야 하는지를
우리에게 가르치는 유일한 규칙입니다.

매뉴얼

1. 하나님을 높이면서도 즐길 수 있는 삶을 살려면 하나님께서 주신 안내서, 메뉴얼을 봐야 합니다. 유일한 메뉴얼은 '성경', 즉 하나님의 말씀입니다.

2. 이렇게 신구약 성경만이 하나님을 높이고 그분을 즐기는 규칙이라고 강조한 이유는 뭘까요?

사람은 하나님을 섬길 때 자기만의 방식을 잘 만들어내기 때문입니다. 하나님이 주신 방식이 아닌 사람의 방식으로 예배하면 이상해지기 쉽습니다. 결국에는 사람의 생각이 개입되고, 그러다 보면 죄가 끼어들기도 합니다. 하나님이 가르쳐 주시지 않은 방식으로 하나님을 높이려 들면 자칫 우상이 됩니다. 십계명의 2계명이 그런 우상을 금하고 있습니다.

스위스에서 활동했던 종교개혁자 장 칼뱅(교회에서는 흔히 존 칼빈이라 부름, 1509-1564년)은 사람은 '우상을 만들어내는 공장'이라고 했습니다.

2문 하나님께서는 어떤 규칙을 주셔서
하나님을 높일 수 있게,
즉 하나님을 즐길 수 있게 하셨습니까?
답 하나님의 말씀입니다.
신구약 성경에 담긴 하나님의 말씀만이
어떻게 하나님을 높이는지,
즉 하나님을 즐겨야 하는지를
우리에게 가르치는 유일한 규칙입니다.

송아지 하나님?(출애굽기 32장)

하나님께서 이스라엘 백성을 이집트(애굽)에서 구출하셨습니다. 그리고는 그 백성들에게 십계명을 주셔서 지키게 하셨습니다. 하나님께서 그 십계명을 돌에다가 직접 새겨 주시기 위해서 모세를 산으로 부르셨습니다.

이스라엘 백성들은 하나님을 대신하던 모세가 보이지 않자 불안했습니다. 그래서 자기들이 가진 금반지, 금 목걸이를 '바쳐서' 하나님을 눈으로 볼 수 있도록 금송아지 상을 만들었습니다. 다른 신을 만든 것이 아닙니다. 이 금송아지는 다름 아닌 바로 '자기들을 애굽에서 인도하신 신, 즉 하나님'이라고 믿었습니다. 송아지로 했던 이유는 송아지가 힘이 세다고 생각해서 그랬던 거 같습니다. 하나님을 눈으로 볼 수 있게 만들었을 뿐입니다. 그들은 하나님을 섬긴다고 생각하고 한 일지만, 이 일로 하나님께 엄청 야단을 맞았습니다.

하나님께서 가르쳐주신 방법 말고, 자기 생각대로 하나님을 높이려고 하면 잘못되기 쉽습니다. 그래서 교회는 열심히 하나님 말씀을 가까이 해야 합니다.

3문 성경은 주로 무엇을 가르쳐 줍니까?

 답 성경은

　1] 하나님이 어떤 하나님이라고

　　우리가 믿어야 하는지,

　2] 하나님께서 사람들에게 요구하시는

　　의무가 무엇인지를 가르쳐 줍니다.

성경 전체를 둘로 요약해봅시다.

교리문답은 성경 내용이 다음 두 가지라고 요약합니다.

그리고 교리문답도 이 두 가지에 대해서 말합니다.

1. 우리가 믿어야 하는 하나님은 어떤 분이신가에 대해

　교리문답 4-38문답

　이 대목에서 기독교 신앙의 내용을 정리해줍니다.

　사도신경 내용이 거의 여기 다 들어 있습니다.

2. 하나님께서 가르쳐 주시는 우리의 의무에 대해

　교리문답 39-107문답

　사람이 어떻게 살아야 하는가를 잘 정리해줍니다. 십

　계명과 주기도문 해설이 여기에 포함되어 있습니다.

4문 하나님은 어떤 분이십니까?

답 하나님은 영이시며,

하나님 자신과 지혜, 힘, 거룩하심, 정의, 착하심,

그리고 진실하심이

끝이 없으시고, 영원하시고, 변하지 않으십니다.

하나님과 사람

하나님이 어떤 분이신지를 사람과 비교해서 설명해 볼까요?

하나님은 끝이 없으십니다. 변하지도 않으시고 영원하십니다.

인간은 끝이 있습니다. 죽습니다. 변합니다. 나이가 들어 변하기도 하고 변덕을 부리기도합니다. 약속을 안 지키고, 능력이 안 되면 못 지키기도 합니다. 자식을 아주 사랑하는 부모님이라도 마찬가지입니다. 그래서는 안 되지만 자식에게 한 약속을 잊어버리기도 하지요.

하나님은 지혜와 힘도 끝이 없으십니다. 영원히 변하지도 않으십니다.

사람이 똑똑하다고 해도, 하나님 보시기에는 별 거 아닙니다. 하나님의 무한한 지혜를 생각하면 우리는 겸손해지지 않을 수 없습니다. 남보다 조금 더 아는 것 때문에 교만할 필요 없습니다. 남보다 더 정확한 상황판단을 할 수 있다고 그렇지 못한 사람을 비웃어서는 안 됩니다. 하나님 보실 때 참 우스운 인간으로 밖에 보이지 않을 겁니다.

계시록 15:4

주여 누가 주의 이름을 두려워하지 아니하며 영화롭게 하지 아니하오리이까 오직 주만 거룩하시니이다 주의 의로우신 일이 나타났으매 만국이 와서 주께 경배하리이다 하더라

여기 '영화롭게 하다'를 1문답에서 우리는 뭐라고 번역했죠?

하나님을 높이라

교리문답 첫 부분이라 이번 주에는 분량이 많았습니다.

오늘은 1문답을 다시 읽고 성경 두 구절을 다시 묵상합시다.

1문 사람은 무엇을 위해 살아야 합니까?

답 사람은 언제나 하나님을 높이기 위해서,

즉, 언제나 하나님을 즐기기 위해 살아야 합니다.

어떨때 하나님이 높아지시고, 영화로워지고 영광을 받으실까요? 앞에서 찾아서 빈칸을 채워 봅시다.

1. 시편 50:15

" __________ 날에 나를 부르라 내가 너를 건지리니

네가 나를 영화롭게 하리로다."

2. 마태복음 5:16

"그들로 너희 ___________ _________을 보고
하늘에 계신 너희 아버지께 영광을 돌리게 하라."

4문 하나님은 어떤 분이십니까?
 답 하나님은 영이시며,
　하나님 자신과 지혜, 힘, 거룩하심, 정의, 착하심,
　그리고 진실하심이
　끝이 없으시고, 영원하시고, 변하지 않으십니다.

하나님은 어떤 분이신가?

하나님은 거룩하심도 정의로우심도 변하지 않습니다. 하나님은 늘 깨끗하시고 사람들과 달리 죄로 얼룩져 있지도 않으십니다. 정의롭습니다. 욕심 때문에 기준이 왔다 갔다 하지도 않으십니다.

진실하신 하나님은 변덕도 없습니다. 사람은 경우에 따라서, '어쩔 수 없었다'라는 핑계를 대면서 거짓말을 합니다. 그리고도 미안해 하지도, 부끄러워 하지도 않습니다.

우린 하나님을 닮아야 합니다. 하나님께서 처음에 그렇게 만드셨습니다. 깨끗하고 정의롭고, 약속을 잘 지켜야하고 거짓말도 안 하고, 변함없이 진실을 말해야 합니다.

5문 하나님 한 분 말고 다른 하나님이 더 있습니까?
답 하나님은 오직 한 분 뿐이십니다.
하나님은 살아 계시고 참된 하나님이십니다.

오직 하나님 뿐

하나님 말고 다른 신은 없습니다. 다 가짜입니다. 있는 것처럼 보이지만 사실은 없습니다. 사람들이 만들어낸 신들일 뿐입니다. 유령이나 도깨비도 없습니다. 전부 착각에 불과합니다.

구약성경은 이렇게 가르치고 있습니다. 신명기 6:4입니다.

"이스라엘아, 들으라. 우리 하나님 여호와는 오직 유일한 여호와이시니"

하나님은 이스라엘 말로 '엘로힘'입니다. 그런데 이 말은 아무 신(神)에게다 다 붙일 수 있습니다. 그래서 하나님의 본명이라 할 수 있는 '여호와'를 붙여서 확실하게 했습니다.

6문 그 한 분 하나님은 몇 분으로 계십니까?

답 세 분이 계십니다.
아버지, 아드님. 성령님.
이 세 분은 한 하나님이시며,
성품이 같고, 힘도 다르지 않고,
높으신 하나님이란 점도 같습니다.

삼위일체

6문답은 '삼위일체'라는 말을 설명하고 있습니다.

드디어 어려운 말이 나왔습니다. 삼위일체! 이 말은 우리의 신앙에서 가장 설명하기 어려운 용어입니다. 하나님 아버지와 그 하나님의 아드님이자 우리의 구주인 예수님, 그리고 거룩한 영(성령)이 계십니다. 이렇게 '세 분'이 계시지만, 어디까지나 한 분 하나님이십니다. 정말 이해하기 어려운 말입니다. 하지만 우리가 다 이해하지 못한다고 해서 성경의 가르침이 틀렸다고 할 수는 없습니다. 하나님은 사람과 차원이 다르시니까요.

삼위일체, 이 교리는 어렵고 '이상해' 보입니다. 하지만, 알면 알수록 오히려 감사드릴 일이 이 안에 담겨 있습니다.

이 점만 꼭 마음에 새기고 넘어갑시다. 교리문답 끝으로 갈수록 더 선명해집니다.

우선 이렇게만 알고 넘어갑시다.

"하나님은 한 분이시다. 하지만 세 분이 계신다."

7문 하나님의 '작정'이 무엇입니까?

답 하나님의 작정이란

절대 변하지 않는 하나님의 계획인데

하나님께서 원하시는 대로 정해집니다.

이 계획에 따라 앞으로 일어날 모든 일들이

하나님을 높이기 위해 이뤄지도록

하나님께서 미리 정하셨습니다.

1. 하나님의 '작정'

어려운 말이 연달아 나옵니다. 작정. 7문답은 작정이 하나님의 계획이라고 정의합니다. 하나님의 작정, 하나님의 계획대로 세상이 모든 일이 움직입니다.

말이 어렵다고 해서 그 안에 담긴 내용까지 어렵지는 않습니다. 하나님께서 모든 일에 대해서 계획을 세우시고, 그 계획대로 이루어지게 하십니다. 그게 가능하냐구요? 하나님이잖아요. 그 정도도 못하시면 하나님이라 할 수 없죠. 4문에서도 이미 봤죠? "하나님의 지혜와 힘은… 끝이 없습니다."

기억하고 넘어갑시다. **하나님의 작정=하나님의 계획**

2. 하나님의 영광

1문에서 인생의 목적이 '하나님을 높임'이라고 했습니다. 우리가 많이 쓰는 '하나님의 영광'입니다. 7문에서는 하나님의 작정, 하나님의 계획이 하나님의 영광을 목적으로 한다고 말합니다. "하나님의 계획은 하나님을 높이기 위한 것이다." 이렇게 정리하면 되겠습니다. 이것도 점차 더 배워 봅시다.

성경 한 구절 읽고 넘어갈까요? 외우면 더 좋죠.

시편 33: 11

여호와의 계획은 영원히 서고 그의 생각은 대대에 이르리로다.

8문 하나님께서는 자신의 작정을
어떻게 실행하십니까?
답 하나님께서는 자신의 작정을
창조와 섭리를 통해서 실행하십니다.

9문 창조가 뭡니까?
답 창조는 하나님께서 모든 것을
아무 것도 없는 상태에서 만드신 일입니다.
이 일을
힘 있는 말씀으로,
6일 동안 하셨습니다.
그리고 만드신 모든 것을 보고 흡족하셨습니다.

창조가 뭐죠?

$$\boxed{작정 = 창조 + 섭리}$$

하나님께서 작정, 즉 계획을 창조와 섭리를 통해서 실행하십니다. 먼저 창조를 9문에서 설명합니다.

창조

1) '아무 것도 없는 상태에서 모든 것을 만드셨다'는 뜻입니다. 창조라는 말 자체가 그런 뜻을 담고 있습니다.

2) 그분의 능력 있는 말씀으로,

3) 6일동안 창조하셨습니다.

4) 당연히 하나님께서 흡족해 하셨습니다.

기억할 성경 구절 / 창조에 대한 가장 분명한 선언, 창세기 1:1입니다.

"태초에 하나님이 천지를 창조하시니라."

10문 하나님께서는 사람을 어떻게 창조하셨습니까?

답 하나님께서는 사람을
남자와 여자로 창조하셨는데,
하나님을 닮은 존재로 만드셨습니다.
1] 지식과 의와 거룩함에서 하나님을 닮았습니다.
2] 하나님의 창조세계를 다스리게 하셨다는
점에서도 닮았습니다.

남자와 여자

하나님께서는 사람을 '남자'와 '여자'로 창조하셨습니다. 차이는 있지만 차별해서는 안 됩니다. 아들과 딸을 차별하는 것도 '죄'입니다.

하나님 닮은 우리

하나님께서 사람을 "하나님의 형상"으로 창조하셨습니다. 하나님을 닮은 존재라는 뜻입니다.

"하나님이 자기 형상 곧 하나님의 형상대로 사람을 창조하시되 남자와 여자를 창조하시고…"(창 1:27)

우리의 예배를 받으실 삼위 하나님

삼위일체라는 말을 두고 이런 말들을 합니다.

"1+1+1=1, 이걸 믿는 바보는 옛날에나 있었지, 지금에야 누가 그걸 믿어?"

삼위일체라는 교리는 옛 사람들, 지금보다 덜 진화된 옛날 사람들에게나 먹혔다고 생각합니다. 하지만, 옛날 사람들은 더 어리석을 거라고 믿는 자체가 바로 진화론입니다. 갈수록 사람이 원숭이의 모습에서 벗어나서 더 똑똑해진다고 믿는 거죠.

삼위일체는 사람이 만들어낸 교리가 아닙니다. 성경 자체가 증언하고 있습니다. 비록 논리로 설명할 순 없어도 하나님은 삼위 하나님이시라고 성경이 말하고 있습니다. 하나님이 한 분이시지만, 아버지 하나님, 그 하나님의 아드님이신 예수님, 그리고 아버지의 영이신 동시에 아들의 영이신 성령님이 계십니다. 그렇다고 세 하나님은 절대 아닙니다. 한 분 하나님이십니다.

1. 예수님의 아버지, 우리의 아버지.

기독교 신앙의 핵심은 '하나님을 아버지로 믿는 믿음'입니다. 즉, 하나님의 아드님이신 예수님 덕분에 죄인인 우리도 하나님의 아들이 되어 하나님을 아버지로 부를 수 있게 되었습니다.

갈라디아 4:6

너희가 아들이므로 하나님이 그 아들의 영을 우리 마음 가운데 보내사 아빠 아버지라 부르게 하셨느니라.

우리는 예수님 덕분에, 예수님처럼 하나님을 '아빠'라고 부를 자격을 얻었습니다. 성령님은 우리에게 오셔서 우리가 '아빠'께 기도할 수 있게 하십니다.

2. 예수님 안에서, 예수님과 함께

사람은 다 죄인이기에 거룩하신 하나님 앞에 갈 수 없습니다. 그래서 예수님 안에 들어가야 합니다. 예수님이 우리를 데리고 하나님 앞으로 나아가셔야만 우리는 하나님을 만날 수 있습니다. 이 진리를 우리는 세례를 통해서 표현합니다. 세례 받을 때 우리는 예수님 안에 들어갑니다.

로마서 6:3을 볼까요.

무릇 그리스도 예수와 합하여 세례를 받은 우리는 그의 죽으심과 합하여 세례를 받은 줄을 알지 못하느냐?

예수와 합하여 세례를 받은 우리. 다시 표현하면 "세례를 받아서 예수님 안에 들어간 우리"입니다.[1]

3, 하나님을 아빠라 부를 수 있게 해주시는 성령님

앞에서 말했듯이 성령님은 '아들의 영'이시기 때문에 하나님의 아드님처럼 우리가 하나님을 '아빠'라고 부를 수 있게 해 주십니다. 배웠다고 하나님을 '아빠'라 부르지는 못합니다. 성령께서 가르쳐 주실 때 비로소 가능합니다.

마치면서

삼위일체, 어렵게 설명하려 하지 마세요. 자칫하면 성경의 가르침에서 벗어납니다. '성경에서 벗어난 가르침'을 가

---

1. all of us who have been baptized into Christ Jesus were baptized into his death(NIV라는 영어 성경, 로마서 6:3입니다.)

르치면 그게 바로 이단입니다.

어렵다고 피하려고만 하지 마세요. 성경의 핵심, 출발점인 동시에 목표인 핵심을 놓치게 됩니다. 그 역시 이단입니다.

삼위일체! 하나님은 우리 아빠십니다. 그렇게 되도록 일하시는 예수님과 성령님이 계십니다. 이 정도만으로 삼위일체 교리의 기본은 다 설명한 셈입니다.

11문 하나님의 '섭리'가 무엇입니까?

답 하나님의 섭리란
보존과 통치입니다.
하나님의 모든 창조세계와 그 창조세계의 행동들을
가장 거룩하고 지혜롭고도 힘 있게
보존하시고 다스리십니다.

섭리(Providence)

또 어려운 말이 나왔습니다. 그래도 익숙해져야 합니다. 설교에서 자주 듣게 될 거고, 교리문답에서도, 책에서도 더러 마주칠 단어입니다. 교회에서 쓰는 말입니다. 교회 밖에서도 쓰기는 하지만 기독교에서 시작된 말입니다. 영어로도 교회에서만 쓰입니다.

섭리의 기본 뜻은 '앞을 내다 본다'입니다. 천지를 창조하신 하나님께서 지금도 그 창조 세계를 지키시고 통제하시고 지키십니다. 앞날을 내다보실 수 있기 때문에 당연히 그럴 수 있습니다. 하나님이 친히 만든 세상을 지켜내지 못한다? 있을 수 없습니다. 그러면 이미 하나님일 수 없습니다. 창조가 있었으면 '섭리'는 당연한 결론입니다.

이 섭리는 보존과 통치가 포함됩니다. 하나님께서 창조하신 세계를 지키시고 다스리십니다.

구약성경, 느헤미아 9:6입니다.
오직 주는 여호와시라 하늘과 하늘들의 하늘과 일월 성신과 땅과 땅 위의 만물과 바다와 그 가운데 모든 것을 지으시고 다 보존하시오니 모든 천군이 주께 경배하나이다.

여기서 '성신'은 별입니다. 천군은 하늘 군대라는 뜻인데, 천사로 이해해도 되겠습니다.

12문 하나님께서 사람을 창조하셨을 때,
사람에게 시행하신 특별한 섭리는
무엇이었습니까?

답 하나님께서 사람을 창조하셨을 때,
하나님께서는 사람과 '생명언약'을 맺으셨습니다.
그 언약의 조건은 완벽한 순종이었습니다.
선과 악을 알게 하는 나무 열매를
먹지 말라 하시고
만약 먹으면, 그 벌은 죽음의 고통이었습니다.

생명언약

창조에서 섭리로. 이는 당연한 흐름이라고 했습니다. 창조하셨으니 지금도 그 창조 세계를 지키실 수 있습니다. 그런데 12문에서는 갑자기 창조하실 때의 특별한 섭리를 설명합니다. 사람을 창조하실 때 특별히 '앞을 내다보고', 특별하게 '보존하신' 일이 뭐였습니까? 바로 '언약'이었습니다. 말로 한 약속입니다. 약속의 내용은 '계속 살게 해 줄게'였습니다. 그래서 이 언약을 '생명언약'이라고 부릅니다. 언약의 조건은 100% 순종이었습니다. 선악과를 먹지

않는 것이 그 순종의 증거였습니다. 흔히 '행위언약'이라고
도 부릅니다. 선악과를 먹지 않는 행위가 조건이라는 뜻입
니다.

선악과가 없었으면 좋지 않았을까?

사람들이 흔히들 하는 질문입니다. 그럴까요? 선악과가
없었으면 '타락'은 없었을지 모릅니다. 하지만 배신할 가능
성이 없는 사랑을 하나님은 원하지 않으셨습니다. 배신하
고 등 돌릴 가능성이 있을 때, 그 배신하지 않는 사랑은 귀
한 겁니다. 하나님은 사람을 인격체로 만드셨습니다. 로봇
으로 만들지 않으셨습니다. 인간은 하나님의 형상, 즉 하나
님 닮은 존재니까요. 하나님은 기계와는 사랑을 할 수 없습
니다.

13문 우리의 첫 조상들은 하나님께서 창조하신
완전한 상태로 살았습니까?
답 우리의 첫 조상들은 하나님께서 창조해주신
완전한 상태에서부터 "떨어졌습니다."
그들은 하나님의 명령을
따를 수도 있고, 거역할 수도 있었지만,
하나님께 죄를 짓는
나쁜 쪽을 택했기 때문입니다.

타락? The Fall

하나님께서 직접 창조하시고, 보실 때 아주 흡족하셨던 인류의 첫 조상 아담과 하와는 하나님께서 만드신 그 상태를 유지하지 못했습니다. 그 상태, 지금의 사람과는 비교할 수 없는 그 고결한 상태에서 "떨어졌습니다." 영어로 'fall'입니다. 이 단어를 주로 '타락(墮落)'이라고 번역합니다. 영어는 쉬운데 한글이 더 어렵습니다.

타락의 '락'은 '떨어질 락'(落)입니다. 높은 데서 낮은 데로 '떨어졌다'는 뜻입니다. 우리 조상 아담이 죄를 짓기 전에는 지금의 우리와는 달리 높은 수준의 사람이었음을 알

수 있습니다. '완전한 상태'였다고 교리문답은 말합니다. 그들이 죄를 지었기 때문에 떨어져서 낮아졌습니다.

"그들 자신의 의지의 자유에 맡겨 두셨다."

자유의지라는 말이 있습니다. 어렵습니다. 단어 자체는 어렵지 않습니다만, 생각할 게 많습니다. "그들 자신의 의지의 자유에 맡겨 두셨다." 이런 정도의 뜻입니다.[2]

그래서 '자유의지'라고들 합니다. 원하는 대로 해도 된다는 말입니다. 그래서, 그냥 이해하기 쉽게, "따를 수도 있고, 거역할 수도 있었지만"으로 번역했습니다. "읽으면 이해할 수 있게~!", 이것이 우리의 목표이니까요.

전도서 7:29을 꼭 기억합시다.

내가 깨달은 것은 오직 이것이라 곧 하나님은 사람을 정직하게 지으셨으나 사람이 많은 꾀들을 낸 것이니라.

정직하지 못한 꾀가 다 죄입니다.

---

2. 교리문답 원문은 이렇습니다. being left to the freedom of their own will

14문 죄가 뭡니까?

답 죄는 하나님의 법을 따르지 않거나,
그 법을 어기는 것입니다.

죄?

교회는, 성경은 자주 '죄'를 말합니다. 불쾌하지만, 별로 기분 좋지 않은 주제지만, 우리는 죄를 알아야 합니다. 죄 때문에 인간은 불행해집니다. 따라서 행복해지려면 죄가 뭔지 잘 알아야 합니다.

죄는 하나님의 법을 따르지 않는 모든 언행, 즉 말과 행동과 생각입니다. 하나님의 법은 "하나님을 사랑하고, 이웃을 사랑하라"로 요약할 수 있습니다. 사랑하지 못하는 우리의 모든 모습, 말과 행동과 생각이 죄입니다.

요한일서 3:4

죄를 짓는 자마다 불법을 행하나니 죄는 불법이라.

*하나님의 법. 우리 성경은 '율법'이라고 번역하는데, 우리가 흔히 쓰는 '법'입니다. '불법'이란 율법에서, 하나님의 법에서 벗어났다는 뜻입니다.

15문 무슨 죄가 우리 첫 조상들을
하나님께서 창조하신 완전한 상태에서
'떨어지게' 했습니까?
답 우리의 첫 조상들이
하나님께서 창조하신 완전한 상태에서
떨어지게 한 죄는
하나님께서 먹지 말라고
금지하신 열매를 먹은 죄입니다

선악과?

인류의 조상 아담과 하와가 어떤 죄를 지어서 하나님께서 창조하신 완전한 상태에서 '떨어졌을까요?' 아시다시피 하나님께서 금지하신 열매를 먹었습니다. 우리가 '선악과'라 부르는 열매입니다. 이 열매 자체가 중요해서는 아닙니다.

손오공이 3천년만에 열리는 천상의 복숭아, 천도를 함부로 먹고 옥황상제의 노여움을 샀다고 합니다. 이런 얘기와는 다릅니다. 열매 자체는 의미가 없습니다. 이 열매를 먹었다? 그건 하나님을 믿지 않겠다는 뜻입니다. 창세기 3장의 뱀과 하와의 대화를 찬찬히 읽어보면 그 열매를 먹는 순간 이미 하나님을 믿지 않고 있음을 알 수 있습니다.

일단 오늘은 창세기 2:17, 하나님의 경고를 기억하고 지나갑시다.

선악을 알게 하는 나무의 열매는 먹지 말라 네가 먹는 날에는 반드시 죽으리라 하시니라.

16문 아담이 죄를 지었을 때,

　　　모든 사람들이 함께 "떨어졌습니까?"

　답 아담과 맺으신 언약은

　　　아담만을 위한 언약이 아닙니다.

　　　그의 모든 후손을 위한 언약이기도 합니다.

　　　그러므로 아담의 모든 후손들,

　　　즉, 정상적으로 태어난 모든 사람들은

　　　아담이 처음 불순종했을 때

　　　함께 떨어졌습니다.

우린 선악과 안 먹었는데?

아담과 함께 모든 사람은 '떨어졌습니다.' 타락했습니다. 아담이 모든 인류의 대표이기 때문입니다. 대부분의 사람들은 이 점에서 불만이 많습니다. 아담 부부가 선악과 먹었는데, 왜 우리도 죄인이 된 거죠?

우리 모두는 '개인주의' 사고에 물들어 있어서 이런 연대의 원리, 가족의 원리를 이해하기가 힘듭니다. 옛날 사람들이 오히려 낫습니다. 고대인들 뿐만 아니라 100년 전 우리나라 사람들에게는 어렵지 않던 일입니다. 가장의 죄를 모든 가족이 책임지는 관습 말입니다. 아담은 우리의 대표입니다. 한국 국가대표가 금메달을 따면 한국이 금메달을 딴 겁니다. 비슷한 원리입니다.

로마서 5:12

그러므로 한 사람으로 말미암아 죄가 세상에 들어오고 죄로 말미암아 사망이 들어왔나니 이와 같이 모든 사람이 죄를 지었으므로 사망이 모든 사람에게 이르렀느니라

아담 : 예수님

로마서 5장은 예수님과 아담을 비교해서 설명합니다. 아담 때문에 인간에게 죄가 시작되었는데, 예수님 덕분에 '은사'가 시작되었습니다. '하나님의 선물'이라는 뜻입니다. 아담 때문에 우리도 죄인이 되었다는 말은 억울하지만, 그래도 예수님 덕분에 하나님의 선물을 받고, 하나님의 자녀가 된다는 말은 우리 모두 '아멘'합니다. 이 또한 아담의 후손이 된 못난 모습이라 할 수 있지요.

로마서 5:15입니다.

그러나 이 은사는 그 범죄와 같지 아니하니 곧 한 사람의 범죄를 인하여 많은 사람이 죽었은즉 더욱 하나님의 은혜와 또한 한 사람 예수 그리스도의 은혜로 말미암은 선물은 많은 사람에게 넘쳤느니라.

17문 그렇게 떨어질 때,

사람은 어떤 상태가 되었습니까?

답 모든 사람은

떨어져서 죄와 비참의 상태가 되었습니다.

떨어진 결과?

죄 때문에 '떨어졌다'면, 떨어진 곳은 어떤 곳입니까? 원래는 '완전한' 상태였다면 떨어진 곳은 불완전한 상태일 수밖에 없습니다. 하나님께서 사람을 창조하셨을 때는 볼 수 없던 모습입니다. 죄와, 그에 따른 비참입니다.

그 비참의 절정은 죽음이라고 성경은 말합니다. 그리고 마귀의 조종을 받는 상태라고 단언합니다. 에베소서 2:1-2 입니다.

그는 허물과 죄로 죽었던 너희를 살리셨도다. 그 때에 너희는 그 가운데서 행하여 이 세상 풍조를 따르고 공중의 권세 잡은 자를 따랐으니 곧 지금 불순종의 아들들 가운데서 역사하는 영이라.

18문 떨어져서
죄를 잘 지을 수 있는 사람의 상태란
어떤 상태입니까?

답 사람이 떨어져서 죄를 잘 지을 수 있게 된 상태는
두 가지로 나타납니다.
첫째, 아담이 처음 지은 죄의 책임입니다.
이를 원죄라고 하는데,
　사람에게는 하나님께서 주신
　원래 의는 없어지고,
　모든 성품이 부패한 상태를 뜻합니다.
둘째, 모든 사람이 실제로 짓는 죄인데,
　원죄 때문에 죄를 지을 수밖에 없습니다.

원죄?

'원죄', 또 어려운, 동의하기 어려운 말이 나왔습니다. 아담의 죄가 우리 모두에게 넘겨집니다.

다른 건 접어두고 이렇게 정리해볼까요. 우리는 왜 유혹에 약할까요? 나쁜 짓이라고, 그래서 다시는 하지 않아야겠다고 결심하지만 왜 잘 지키지 못할까요? 다른 사람 쳐다보지 말고 우리 자신의 경우를 짚어봅시다. 왜 잘 안 될까요?

아담의 원죄, 어렵지만 이렇게 정리할 수 있습니다.

"우리는 아담의 성향, 죄를 짓고 난 후의 아담의 성품이 있어서 죄를 쉽게 짓습니다." 이를 '죄성'이라 합니다. '죄를 잘 짓는 경향'이라고 볼 수 있습니다.

19문 사람이 떨어졌기 때문에
빠지게 된 비참이란 무엇입니까?
답 떨어졌기 때문에
모든 사람은 하나님과의 사귐이 깨어졌고,
하나님의 진노와 저주가
사람들에게 쏟아졌습니다.
그래서 모든 사람들은 살면서
비참함을 겪게 되었고,
결국은 죽고,
영원한 지옥의 고통까지 받습니다.

우리는 로봇이 아닙니다.

우리의 불만이 참 많이도 나오는 대목입니다.

하나님은 왜 선악과를 거기 심으셨을까? 그거 없었으면 아담은 죄 안 지었을 건데…

답은 간단합니다. 하나님은 인간을 사랑하십니다. 인공 지능 로봇이 나와서 사람이 활용하는 시대가 곧 올 거 같습니다. 그런 기계, 로봇을 사람들이 좋아하겠지만, 결코 사랑할 수는 없습니다. 하나님은 인간을 사랑하길 원하셨지,

로봇이 되기를 원하지 않으셨습니다.

이처럼 하나님은 인간과 진짜 사랑, '사귐'을 원하셨습니다. 하지만 인간은 이 사랑을 거부하고 '뱀'의 거짓말을 믿었습니다. 선악과를 먹는다는 것은 하나님이 자기들을 속였다고 '믿었다'는 뜻입니다.

그 결과는 참혹합니다. '정녕 죽으리라'는 경고가 그 순간 바로 실현되지 않았다고 해서 하나님의 경고가 '거짓말'이었다고 주장하는 사람도 있습니다. 아닙니다. 아담과 하와가 죄를 짓는 순간 인간에게는 죽음의 그늘이 짙게 뒤덮였습니다. 이 죽음은 '하나님과의 사귐이 깨어짐'으로 먼저 나타났습니다. 모든 인간의 비참함은 여기서 비롯됩니다. 생명의 창조주 하나님과 관계가 깨어지니 생명이 깨어집니다. 그러니 죽을 수밖에 없습니다. 하나님의 사랑과 은혜가 햇살처럼 쏟아지는 에덴 동산에서 쫓겨난 인간은 이제 하나님의 진노와 저주의 소낙비가 쏟아지는 벌판에 서 있게 됩니다.

잊어버리지 맙시다. 죄는 하나님과의 '사귐'을 깨뜨립니다. 예수님은 이 깨진 관계를 회복시켜 주시기 위해 우리

'죄'를 대신 뒤집어쓰고 그 하나님의 진노와 저주를 대신 받으셨습니다. 십자가가 저주인 이유가 바로 여기에 있습니다. 우리의 저주를 대신 받으신 저주입니다. 그래서 십자가를 보면서 우리는 예수님의 사랑을 노래합니다.

갈라디아 3:13
그리스도께서 우리를 위하여 저주를 받은 바 되사 율법의 저주에서 우리를 속량하셨으니 기록된 바 나무에 달린 자마다 저주 아래에 있는 자라 하였음이라

20문 하나님께서 사람을 죄와 비참에 빠진 채로
죽게 내버려 두셨습니까?

답 하나님께서는 영원 그 이전부터
어떤 사람들을 선택해서 영생하게 하셨습니다.
그리고 그들과 은혜언약을 맺기까지 하시고,
죄와 비참함의 상태에서 구해 내셨습니다.
또한 구주를 통해서 구원하셨습니다.
단지 하나님께서 좋아서 이렇게 하셨습니다.

1. 은혜언약

하나님은 인류 전체를 죄와 비참한 상태로 버려두지는 않으셨습니다. 몇몇 사람을 선택해서 영생하게 하셨습니다. 이 말에서 알 수 있듯이, '영생'이란 오래오래 사는 것이 아니라 죄에서 벗어난 삶입니다.

은혜언약이라는 중요한 개념이 여기서 등장합니다. 앞에서 살펴본 '생명언약'의 반대말이라 할 수 있습니다. 생명언약은 하나님이 만들어 주신 에덴동산에서 선악과를 먹지 않는 행동으로 대표되는 행위를 조건으로 해서 '생명'을 영

원히 누릴 수 있는 언약이었습니다. 그래서 '행위언약'이라고도 한다고 앞에서(12문답) 배웠습니다. 은혜언약이란 스스로 영생할 방법이 없는 인간들에게 하나님께서 '영생'을 주시기로 한 약속입니다. 이 영생은 구주를 통해서만 받을 수 있습니다.

2. 구주(redeemer)

'건져주고 풀어주는 사람'이란 뜻입니다. 죄에 묶여 있고 비참에 빠져 있는 우리를 구해내신 분이 구주(속량자, 구속자)이십니다. 누구신지 잘 아시죠?

21문 하나님께서 선택하신 사람들을 위한 구주는
누구입니까?

답 하나님께서 선택하신 사람들을 위한
유일한 구주는 주 예수 그리스도십니다.
그는 하나님의 영원하신 아드님이십니다.
사람이 되셨기 때문에,
하나님이신 동시에 사람이시며
다른 두 본성을 가지셨지만, 한 인격체이십니다.
그리고 지금도 하나님이신 동시에 사람이시며
앞으로도 계속 그러실 겁니다.

구주, 풀어주시고 건져주시는 분

구주는 누구입니까? 예수님입니다. 그러면 '구주'가 건져내고 풀어주는 분"이라면 어디서 건져내고 어떤 상태에서 풀어준다는 말입니까?

'풀어준다'를 명사로는 '구속', 혹은 '속량'이라고 합니다. 옛날에는 종(노예)을 사서 풀어주는 것을 속량이라 했습니다. 전쟁에서 패한 나라가 포로로 잡혀간 자기 나라 사람을 되사올 때도 쓰는 말입니다. 노예에서, 포로에서 풀어

주는 행동입니다. 물론 이래서 "되산다"는 단어로 속량을 설명하기도 합니다.

그리스도를 우리를 구속하시는 주인, 구주라고 부른다면 우리는 어떤 상태라는 말입니까? 종입니다. 마귀의 종, 죄의 노예입니다. '원죄' 때문에 우리는 쉽게 죄를 지을 수 밖에 없는 존재입니다. 이 상태에서 우리를 풀어내셔서 하나님께 바치십니다. 옛날 종들을 돈을 주고 사오듯이 우리를 값을 지불하고 사 오셨습니다.

그러면 우리를 얼마를 주고 사들이셨습니까? 그 점은 잠시 뒤 25문에서 살펴보겠습니다. 이 점만 기억합시다. 이제부터는 예수님이 우리의 주인이십니다. 값을 지불하고 사 오셨기 때문입니다.

구주 = 풀어주시는 분, 속량(구속)하시는 분

속량(구속) = 풀어주셔서 해방시킴

22문 어떻게 하나님의 아드님이신 그리스도께서
사람이 되셨습니까?
답 하나님의 아드님이신 그리스도께서
사람이 되실 때 진짜 사람의 몸과
이성을 가진 영혼을 취하셨습니다.
그리스도는 성령님의 힘으로
처녀 마리아의 몸에 임신되시고 태어나셨습니다.
하지만 사람들과 달리 죄는 없으십니다.

하나님의 아드님이 사람이 되심

예수님은 진짜 하나님이시지만, 진짜 사람이 되셨습니다. 〈나니아 연대기〉를 아시죠? 그 책의 작가 C. S. 루이스는 이렇게 말했습니다.

"하나님의 아들은 사람들을 하나님의 아들 되게 하시려고 사람이 되셨습니다."[3]

조금 바꿔 봅시다. "하나님의 아들이 사람이 되심은 사람들을 하나님 아들 되게 하시기 위해서입니다."

---

3. 〈순전한 기독교〉(홍성사), 274쪽

은혜언약

하나님께서 사람을 로봇으로 부리기를 원하지 않으셨습니다. 그래서 사람과 '언약'을 맺으십니다. 사람이 죄를 짓기 전에도 사람은 하나님과 대등한 자리에서 대화하고 사랑을 나눌 수 있는 파트너가 될 수 없었습니다. 하나님은 창조주이며 사람은 피조물, 즉 창조받은 존재입니다. 더 쉽게 말하면 도자기를 만드는 사람, 도공과 도자기의 관계입니다. 이런 하나님께서 사람과 대화하시기 위해서 자신을 낮추셨습니다. 이를 웨스트민스터 신앙고백 7장 1절은 "하나님 편에서 자발적으로 낮추심"이라 표현하고 있습니다. 더 쉽게 말하자면 눈높이를 맞추기 위해 하나님께서 무릎 꿇고, 아니 그 이상으로 자신을 낮추셔서 대화를 시작하셨습니다.

사람이 죄를 짓기 전에도 이처럼 하나님의 '은혜'로 사람에게 오셔서 대화를 시작하셨습니다. 이때 '생명언약'을 에덴동산에서 맺으셨습니다. (웨스트민스터 신앙고백서에서는 '행위언약'이라고 부릅니다.) 이때도 모든 것이 하나님의 은혜였습니다. 에덴동산도 아담이 직접 만들지 않았습니다. 그 안에 식물도, 동물도 마찬가지입니다. 심지어 아담 자신의 몸과 생명도 하나님께서 만들어서 선물로, 즉 은혜로 주셨습니다.

그럼에도 불구하고 예수님을 구주로 주시는 일부터 '은혜'언약이라고 구별해서 부르는 데는 그만한 이유가 있습니다. 죄인을 위해서 하나님께서 주신 '은혜'는 너~~무 은혜로워서 이것 아닌 다른 것을 감히 '은혜'라 부를 수 없기 때문입니다. 간단히 말하면 은혜는 죄인을 죄와 비참의 상태에 버려두지 않고 영생의 상태로 구원하시는 일, 그 하나님의 일을 '은혜'라 부릅니다. 우리 모두에게 하나님의 은혜가 넘치기를 기원합니다. 로마서 3:24로 마무리 합시다.

그리스도 예수 안에 있는 '속량'으로 말미암아 하나님
의 은혜로 값 없이 의롭다 하심을 얻은 자 되었느니라.

'속량'은 구속이라고도 한다고 앞에서 배웠습니다. '건져주고 풀어주는' 동작입니다. 우리는 값을 지불하지 않고, 선물로 속량 받았습니다. 죄와 그 벌에서 풀려납니다. 이것이 하나님의 은혜입니다.

23문 우리의 구주 그리스도께서는
어떤 직무를 수행하십니까?
답 우리의 구주 그리스도는
선지자, 제사장, 왕의 역할을 수행하시되,
낮아지셨을 때와 높아지셨을 때,
각각 다 수행하십니다.

그리스도

그리스도는 '기름부음을 받은 사람'이란 뜻입니다(시편 2:2). 이스라엘 말로는 '메시아'입니다. 이스라엘 사람들은 왕이 즉위할 때 머리에 기름을 붓습니다. 대제사장 취임식 때도 그렇게 합니다. 그리스도는 그래서 왕이나 제사장을 의미합니다. 또한 선지자이기도 합니다. 그리스도께서 하신 일을 이 직무를 따라서 생각해 봅시다.

그리스도는 낮아지셨을 때, 즉 사람으로 이 땅에 태어나셨을 때도 이 세 직무를 수행하셨고, 높아지신 후, 즉 부활 후에 하늘에 올라가셔서 하나님 우편에 앉으신 후에도 선지자로서, 제사장으로서, 그리고 왕의 직임을 다 하십니다. 이제 하나씩 차례로 살펴보겠습니다.

24문 그리스도께서
어떻게 선지자의 직무를 수행하십니까?
답 그리스도께서는 주님의 말씀과 성령님을 통해
하나님의 뜻을 우리에게 계시하셔서
우리가 구원받게 하십니다.
그래서 그리스도는 우리의 선지자이십니다.

선지자이신 그리스도

예수님이 선지자, 즉 하나님의 뜻을 전달하는 예언자이셨습니다. 선지자는 먼저 아는 사람이란 뜻입니다. 예언자는 미리 하나님의 뜻을 전하는 사람을 뜻합니다. 예수님께서 이 땅에 오셔서 하신 일과 말씀을 통해서 하나님의 뜻을 아주 잘 전달하셨습니다.

오늘은 히브리서 1:1-2만 보겠습니다.

옛적에 선지자들을 통하여 여러 부분과 여러 모양으로 우리 조상들에게 말씀하신 하나님이 이 모든 날 마지막에는 아들을 통하여 우리에게 말씀하셨으니…

　구약 시대에는 하나님께서 선지자들을 통해서 말씀하시고 또 건물(성전)이나 여러 가지 절기(예를 들면 유월절), 또 제사 제도를 통해서 이스라엘을 가르쳐 주셨습니다. 하지만 이제는 예수님을 통해서 하나님의 뜻을 다 알 수 있습니다. 그분이야 말로 진정한 선지자이십니다.

25문 그리스도께서
어떻게 제사장의 직무를 수행하십니까?
답 그리스도는 자신을 친히 단번에
희생 제물로 바치셨습니다.
이 제사를 통해서 하나님의 정의를 충족시키시고
우리는 하나님과 화해시키셨습니다.
그리고 지금도 우리를 위해 중보를 하고 계십니다.
그래서 그리스도는 우리의 제사장이십니다.

제사장이신 그리스도

제사장은 하나님의 백성들을 하나님 앞으로 '무사히' 데리고 가야 합니다. 하지만 사람은 다 죄인이기에 거룩하신 하나님 앞에 설 수 없습니다. 위험합니다. 죽을 수 있습니다. 하나님께서는 죄를 미워하시기 때문입니다. 그래서 죄인인 모든 사람은 하나님께 다가갈 수 없습니다. 하나님 백성들을 하나님 앞으로 데려가되 '무사히', 정말 아무 탈 없이 데려가는 일을 제사장이 합니다. 죄 용서를 받게 해줍니다.

하나님의 백성들이 죄를 용서 받기 위해서 짐승을 잡아

하나님께 바칩니다. 이때 제사를 드리는 법은 성경이 정하고 있고, 집행은 제사장이 합니다.

예수님은 자신을 제물로 바치시되 자신이 직접 제사장으로서 일을 하십니다. 히브리서가 이 점을 잘 설명하고 있습니다. 히브리서 9:28입니다.

이와 같이 그리스도도 많은 사람의 죄를 담당하시려고 단번에 드리신 바 되셨고 구원에 이르게 하기 위하여 죄와 상관 없이 자기를 바라는 자들에게 두 번째 나타나시리라

26문 그리스도는 왕으로서의 직무를
어떻게 수행하십니까?
답 그리스도는 우리가 그분께 순종하게 하십니다.
또한 우리를 다스리시고 보호하십니다.
주님의 원수, 곧 우리의 원수들을
통제하시고 이기십니다.
이런 모든 의미에서
그리스도는 우리의 왕이십니다.

왕이신 예수님

그리스도께서는 우리의 왕이십니다. 하나님께서 그분에게 왕권을 주셨습니다. 예수님이 부활하신 후에 승천하시기 직전에 제자들에게 이 말씀을 남기셨습니다.

예수께서 나아와 말씀하여 이르시되 "하늘과 땅의 모든 권세를 내게 주셨으니 그러므로 너희는 가서 모든 민족을 제자로 삼아 아버지와 아들과 성령의 이름으로 세례를 베풀고 내가 너희에게 분부한 모든 것을 가르쳐 지키게 하라 볼지어다 내가 세상 끝날까지 너희와 항상 함께 있으리라" 하시니라.

마태복음 28:18-20, 마태복음의 마지막 대목입니다. 예수님은 다윗이 다스렸던 중동 지역 정도가 아니라 온 땅의 왕권을 일임 받으셨습니다. 더 나아가 하늘의 왕권도 받으셨습니다. 하나님께서 주셨습니다. 이 땅에서 일어나는 모든 일 뿐 아니라 천국에 들어가는 문제도 예수님의 권한입니다. 그래서 예수님은 우리의 왕이십니다.

27문 그리스도의 '낮아지심'에는
어떤 단계가 있습니까?
답 그리스도의 낮아지심은
다음 몇 단계로 이뤄집니다.
1] 가난한 사람으로 태어나셨고
2] 율법을 지켜야 하는 사람으로 사셨습니다.
3] 삶의 비참함을 겪으셨으며
4] 하나님의 진노를 받아
십자가의 저주받은 죽음을 당했습니다.
5] 무덤에 묻히시고,
얼마동안 죽음의 힘에 계속 눌려 계셨습니다.

주님은 율법을 지켜야 하는 사람으로 사셨습니다. 주님은 율법을 주신 분이십니다. 하지만 주님께서 이 율법을 지키셨습니다. 율법을 지키셔서 얻으신 의를 우리에게 나눠주실 수 있습니다.

주님의 낮아지심의 절정은 십자가입니다. 십자가에서 죽으신 후 무덤에 묻히셨습니다. 그리고 얼마동안 죽음의 힘에 계속 눌려 계셨습니다.

28문 그리스도의 '높아지심'에는
어떤 단계가 있습니까?
답 그리스도의 높아지심은
다음 몇 단계로 이뤄집니다.
1] 사흘 만에 죽은 자들 중에서
다시 살아나셨습니다.
2] 하늘로 올라가셨습니다.
3] 하나님 아버지 오른 쪽에 앉아 계십니다.
4] 그리고 이 세상 마지막 날에
심판하시기 위해서 오십니다.

높아지심은 부활에서 시작합니다. 그리고 세상 마지막 심판에서 절정을 이룹니다.

그리스도의 낮아지심과 높아지심을 가장 잘 요약해서 보여주는 구절은 빌립보서 2:5-11입니다.

너희 안에 이 마음을 품으라 곧 그리스도 예수의 마음 이니 그는 근본 하나님의 본체시나 하나님과 동등됨

을 취할 것으로 여기지 아니하시고 오히려 자기를 비
워 종의 형체를 가지사 사람들과 같이 되셨고 사람의
모양으로 나타나사 자기를 낮추시고 죽기까지 복종하
셨으니 곧 십자가에 죽으심이라.

이러므로 하나님이 그를 지극히 높여 모든 이름 위에
뛰어난 이름을 주사 하늘에 있는 자들과 땅에 있는
자들과 땅 아래에 있는 자들로 모든 무릎을 예수의 이
름에 꿇게 하시고 모든 입으로 예수 그리스도를 주라
시인하여 하나님 아버지께 영광을 돌리게 하셨느니
라.

속량과 속전

1. 속량

속량, 혹은 구속은 두 가지 의미가 있습니다. 사 들이다, 풀어주다. 이 말은 성경에서 세 가지 경우에 쓰였습니다.

먼저, 구약시대입니다. 구약시대에는 땅을 사고 팔지 못하게 하나님께서 금하셨습니다. 어쩔 수 없이 땅을 팔면 원래 주인과 가까운 사람이 누구라도 다시 도로 살 수 있었습니다. 자식은 말할 것도 없고, 형제든지 조카든지 상관이 없었습니다. 이 말에서 '속량'이 나왔습니다. 좋은 예가 룻기에서 나옵니다. '무르다'라고 번역되어 있습니다.

둘째는 노예를 사는 과정입니다. 신약 성경 시대에도 노예제가 있었습니다. 어떤 사람이 노예를 사서 자유인으로 풀어주는 행위가 바로 '속량'입니다.

셋째는 전쟁 포로입니다. 두 나라가 전쟁을 합니다. 한 나라가 지고 말았습니다. 전쟁이 끝나고 이긴 나라가 진 나라에게 묻습니다.

"자, 우리가 잡아온 포로가 이만큼 있다. 도로 사 갈래?"

그러면 패전국에서는 명단을 보고 필요한 사람은 도로 사 옵니다. 그 명단에 왕의 아들이나 동생도 있을 수 있고, 중요한 장군도 있겠지요. 어쩌면 왕이 볼 때 별로 마음에 안 드는 신하는 뺄 수도 있겠구요.

이렇게 해서 도로 사오는 행위가 바로 '속량'입니다. 이 때 지불하는 돈을 '속전'이라고 합니다.

2. 목숨값, 속전

그리스도는 우리를 '사들이셨다'고 합니다. 주님 자신을 속전, 즉 속량을 하기 위한 돈으로 지불하셨습니다

마가복음 10:45

인자가 온 것은 섬김을 받으려 함이 아니라 도리어 섬기려 하고 자기 목숨을 많은 사람의 대속물로 주려 함이니라.

디모데전서 2:6

그가 모든 사람을 위하여 자기를 대속물로 주셨으니
기약이 이르러 주신 증거니라.

　여기서 '대속물'이 속전입니다. 목숨값, 정도의 의미입니다.
　예수님께서 자신을 우리를 위한 목숨 값으로 지불하시고 우리를 사들이셔서(속량하셔서) 하나님의 자녀가 되게 하셨습니다. 그분을 찬양합시다.

29문 그리스도께서 목숨값을 지불하고 사들이신
'속량'을 우리는 어떻게 함께 누릴 수가 있습니까?
답 그리스도께서 목숨값을 지불하고 사들이신 속량을
성령께서 우리에게 실행하실 때
우리는 그 속량을 누릴 수 있습니다.
성령께서 하시면 그대로 됩니다.

성령님

교리문답이 드디어 성령님에 대해 가르쳐 줍니다. 앞에서 성령님에 대해서 몇 번 언급되었습니다. 삼위일체 하나님이심(6문), 그리스도를 처녀의 몸에 잉태하게 하심(22문), 그리고 그리스도께서 성령님을 통해서 교회를 지금도 가르치고 계심(24문).

여기서부터 성령님께서 하시는 일을 잘 보여줍니다. 성령님은 구주이신 그리스도께서 이루신 '속량, 구속'을 우리에게 전해 주셔서 우리의 것이 되게 하십니다. 그래서 우리는 그 속량, 죄의 노예 상태에서 풀어주심을 누리게 됩니다.

부모님이 시켜서 교회 다니고 있다구요? 그렇다 하더라

도 진정한 신앙을 갖게 되었다면 그건 성령께서 하신 일입니다. 우리는 스스로 하나님을 찾아갈 수 없습니다. 아담의 죄를 함께 가진 죄인이기 때문입니다.

***속량을 누리다**

'누리다'로 번역한 이 말은 '(음식을) 함께 먹다'는 의미입니다.[4] 그리스도께서 목숨값 지불하고 사들이신 그 속량을 함께 누릴 수 있도록 성령께서 불러 주십니다.

이쯤에서 우리가 어디로 가고 있나 짚어 봅시다.
지금 우리는 막 교리문답의 1부를 마쳤습니다.

시작을 위한 질문 : 사람을 무엇을 위해 살아야 하는가? 1문
답은 어디에? : 성경 / 2-3문
제1부 하나님은 누구신가? / 4-38문
제2부 우리는 무엇을 해야 하는가? 39-107문

---

4. 'partaker of'

30문 그리스도께서 목숨값을 지불하신 속량을
성령께서는 어떻게 우리에게 실행하십니까?

답 그리스도께서 목숨값을 지불하신 속량을
성령께서 우리 안에 믿음이 생기게 하셔서
우리를 그리스도와 하나가 되게 하심으로써
우리에게 실행하십니다.
이를 우리는
'부르시면 나아올 수밖에 없는 부르심'이라고
합니다.

우리를 살리시려 우리의 목숨값이 되신 그리스도

그리스도께서 우리의 목숨값, 다르게 말하면 죄 값을 지불하고 사들이셨습니다.[5] 그리고는 죄의 노예 상태에서 '풀어주셨습니다.'

부르시면 불려 나올 수 밖에 없는 부르심[6]

성령께서는 하나님의 택한 백성들을 불러내서 하나님의

---

5. "the redemption purchased by Christ"
6. effectual / "producing the result that was wanted or intended"

자녀가 되게 하십니다. 성령께서 부르시면 반드시 나오게 됩니다. 거역하지 못합니다. 그래서 "부르시면 꼭 불려 나오는 부르심"입니다(effectual calling). 대부분의 교리문답 번역서가 '효과있는 부르심'이라고 번역합니다. 효과적이란 말은 경제의 원리죠. "최소의 투자, 최대의 효과." 성령께서 하시는 일에 적용하기는 적절하지 않은 용어입니다. 이 단어는 '원하는 결과를 만들어낼 수 있는'이라는 뜻입니다. 성령께서 부르시면 반드시 불려 나옵니다. 와서 하나님 앞에 섭니다. 성령님도 전능하신 하나님이잖아요(6문).

"에이, 아니예요. 전 그냥 엄마 때문에 다녀요." 그럴 수도 있습니다. 하지만 여러분이 진짜 신자라면 그건 누구의 영향이 있었던지 간에 성령께서 불러내셨기 때문에 교회 다니고 있습니다. 하다 못해 옛날, 1970년대 어른들이 놀고 싶어서 교회를 갔던, 빵 얻어 먹으러 갔던 지금 신자가 되었다면 성령께서 그분들을 불러내셨기 때문입니다.

31문 부르시면 나아올 수밖에 없는
그런 부르심이란 어떤 것입니까?

답 부르시면 나아올 수밖에 없는 부르심이란
성령께서 하시는 일입니다.
1]이를 통해서 우리가 죄인이라는 사실과
우리가 비참한 상태에 있음을
분명하게 알게 하시고
2]우리의 마음을 밝히셔서
그리스도를 알게 하십니다.
3]우리의 의지를 새롭게 하셔서
4]복음 안에서 우리에게 거저 주시는
예수 그리스도를 받아들일 수 있도록
우리를 설득하십니다.

성령께서 하시는 일

성령! 우리는 이 분을 낯설어 하거나, 잘못 알고 있습니다. 대개 그렇습니다. 성령님은 무엇을 하시는 분이십니까?

성령님은 우리를 불러내셔서 그리스도의 '속량'의 혜택을 누리게 하시기 위해서 다음과 같은 일을 하십니다. 우리가 죄인이라는 사실을 알게 하십니다. 죄의 결과로 우리가 하나님 보시기에 얼마나 비참한 존재인지를 깨닫게 하십니다. 이것이 '회개'의 첫 단계이며 구원의 시작입니다.

그리고는 예수님을 알게 하시고, 그 예수님을 받아들일 수 있게, 영접하게 하십니다.

에베소서 1:17

우리 주 예수 그리스도의 하나님, 영광의 아버지께서 지혜와 계시의 영을 너희에게 주사 하나님을 알게 하시고

32문 부르시면 나아올 수밖에 없는 부르심을
받은 사람들은
이 세상에서 어떤 혜택을 누립니까?
답 부르시면 나아올 수밖에 없는 부르심을
받은 사람들은
이 세상에 사는 동안
칭의, 자녀됨, 성화,
그리고 이런 혜택들에서 나오는
다른 혜택도 누립니다.

**성령님께서 속량받은 그리스도의 백성들을 위해
하시는 일**

교리문답은 성령께서 주시는 혜택을 이 땅에 살 때(33문답-36문답), 죽을 때((37문답), 그리고 부활할 때(38문답)로 나눠서 설명합니다. 그리스도께서 이루신 속량을 성령님께서 지금부터 영원까지 계속 주십니다.

기억합시다. 그리스도인으로서 누리는 모든 혜택, 은총은 한마디로 "속량"입니다.

33문 칭의가 뭡니까?

답 칭의는 하나님께서 거저 주시는 은혜입니다.
그 은혜 안에서 우리 모두의 죄를 용서하시고
우리를 하나님 보시기에 의로운 사람인 듯이
받아주십니다.
이 칭의는 우리에게 넘겨 주신
그리스도의 의 때문에만 가능합니다.
그리고 이 칭의는 오직 믿음으로만 받습니다.

칭의

간단히 말하면 '무죄 인정'입니다. 아담과 함께 '떨어진' 우리는 죄성을 타고 납니다. 쉽게 죄를 짓습니다. 죄 아닌 다른 행동을 잘 못합니다. 죄의 노예입니다. 이래서 "모든 사람은 죄인이다"라고 합니다.

그런 우리가 그리스도의 속량, 죄의 노예 상태에서 우리를 사들여서 풀어주심을 누릴 수 있게 됩니다. 성령께서 불러주실 때 가능합니다. 부르심을 받은 우리는 칭의를 누리게 됩니다. 하나님 앞에 당당하게 죄 없는 사람처럼, 마치 죄를 하나도 지은 적이 없는 듯이 설 수 있게 해 주십니다.

정리하죠. 칭의란 죄가 전혀 없다고 판결을 받았다는 뜻
입니다.

갈라디아 2:16
사람이 의롭게 되는 것은 율법의 행위로 말미암음이
아니요 오직 예수 그리스도를 믿음으로 말미암는 줄
알므로 우리도 그리스도 예수를 믿나니

34문 '자녀가 됨'이 무슨 말입니까?

답 우리를 하나님의 자녀로 받아 주시고

하나님의 아들의 모든 특권을 누리게 하셨습니다.

이는 하나님께서 하시는 일인데,

공짜로 주시는 은혜입니다.

35문 성화가 무엇입니까?

답 하나님께서 우리 전 인격을

새롭게 변화시켜서 그분을 닮도록 하십니다.

그래서 날이 갈수록 우리는

죄에 대해서는 죽고

의를 향해서 살아갈 수 있게 해 주십니다.

이는 하나님께서 하시는 일인데,

공짜로 주시는 은혜입니다.

하나님의 자녀

칭의, 즉 죄 없다고 인정을 받은 사람들은 하나님의 자녀가 됩니다. 하나님의 아들이 누리는 모든 특권을 다 누릴 수 있게 됩니다. 주일 공부 내용에서 더 살펴보기로 하고 다시 한번, C. S. 루이스의 말을 기억하고 넘어갑시다.

"하나님의 아들이 사람이 되심은 사람들을 하나님 아들 되게 하시기 위해서입니다."

거룩해지는 과정

'성화'란 '거룩하게 되다'라는 뜻입니다. 거룩하신 하나님을 계속해서 닮아간다는 말이죠. 그리고 이런 과정은 성령님께서 하시는 일입니다. 우리가 죄를 끊고, 죽이려면 성령님을 의지해야 합니다. 성령께서 우리 안에서 일하실 때만 죄가 미워지고 싫어질 수 있습니다. 우리는 죄인이니까요.

하나님의 자녀

1. 하나님의 아들, 예수

예수님은 하나님의 아들이십니다. 신약성경에서 예수님에 대한 신앙 고백에서 자주 등장합니다. 뭣보다 하나님께서 친히 이 사실을 선언해 주셨습니다. 마태복음 3:17입니다.

이는 내 사랑하는 아들이요 내 기뻐하는 자라.

사도 바울은 예수님을 믿은 후에 처음 복음을 전할 때에 '하나님의 아들 예수'를 전했습니다(사도행전 9:20). 그리고 로마서 전체는 "하나님의 아들 예수"에 관한 복음이라고 로마서 첫 부분에서 선언하고 있습니다(로마서 1:3-9).

2. 하나님의 아들, 딸

우리는 그 예수님을 믿어 예수님 안으로 들어갈 때에 하나님의 아들 딸이 됩니다. 그래서 기도할 때 하나님을 '아빠' 혹은 '아버지'라고 부르면서 시작해야 합니다. 주님께서 그렇게 가르치셨습니다. 예수님을 믿으면 바로 하나님의 자녀가 됩니다. 갈라디아 3:26은 이렇게 단호하게 선언합니다.

> 너희가 다 믿음으로 말미암아 그리스도 예수 안에서 하나님의 아들이 되었으니

갈라디아 4:5로 가봅시다.

> …속량하시고 우리로 아들의 명분을 얻게 하려 하심이라

29문답에 나왔던 '속량'입니다. '다시 사들인다'는 뜻입니다. 그리스도께서 우리를 주님 자신의 피를 우리 목숨값으로 주고 사들이셔서 하나님의 아들이 되게 하십니다.

그리고 이어서 4:6에서는 이렇게 선언하셨습니다.

> 너희가 아들이므로 하나님이 그 아들의 영을 우리 마음 가운데 보내사 아빠 아버지라 부르게 하셨느니라

예수님의 속량을 성령께서 우리에게 실행하십니다. 우리 것이 되게 해 주십니다. 그 다음에 어떤 일이 생깁니까? 우리가 하나님의 아들이 되어 하나님을 '아빠'라 부를 수 있게 됩니다.

마무리 지어볼까요.

예수님을 믿어서 예수님 안에 있는 사람은 예수님과 함께 하나님의 아들, 하나님의 자녀가 됩니다. 하나님을 '아버지'라 불러서 기도할 자격이 생겼습니다.

한번 스스로 물어봅시다.
1) 예수님이 나를 사들이셨다고 믿는가?
2) 나는 하나님의 자녀인가?

조금 더 배워가면서 고민해 봅시다.

36문 우리가 살아가면서
칭의, 자녀 됨, 성화 등에서 나오는
다른 유익들은 어떤 것이 있습니까?
답 우리가 살아가면서
칭의, 자녀 됨, 성화 등에서 나오는
다른 유익들로는
다음과 같은 것이 있습니다.
1] 하나님께서 나를 사랑하신다는 확신
2] 우리 양심의 평안
3] 성령님 안에서 누리는 평안
4] 계속 커지는 은혜
5] 끝까지 믿음을 지킴

확신과 평안

그리스도의 속량을 성령님께서 우리에게 주시면, 즉 죄 용서를 받으면 의롭다고 인정받고(칭의) 하나님의 자녀가 됩니다. 그리고 날마다 거룩해집니다(성화).

여기에 더해서 확신과 평안을 가지게 됩니다. 이것이 하나님의 자녀가 이 땅에서 누리는 유익, 은총입니다.

37문 신자들이 죽을 때
그리스도께 받는 유익에는 어떤 것들이 있습니까?
답 신자들이 죽을 때
그 영혼이 완전히 거룩하게 하시며
이 완전한 상태에서
즉각 하늘로 받아주십니다.
그 몸은 그리스도와 계속 연합하여
부활하는 날까지 무덤에서 쉽니다.

죽을 때 받는 유익

살면서 받는 은혜를 32-36문답에서 살펴봤습니다. 이제 죽을 때 주님께 어떤 유익을 받는지 생각해보겠습니다.

하나님께 의롭다고 인정을 받은(칭의) 신자는 살면서 거룩해져야 합니다. 하나님을 닮아가야 합니다. 하지만 살아 있는 동안 완전히 거룩하게 될 수 없습니다. 하나님처럼 죄 없이 살 수는 없다는 말입니다. 그건 죽을 때만 가능합니다. 물론 예수님이 재림하시면 그때는 신자들은 다 거룩하게 됩니다.

38문 부활하는 날
신자들은 그리스도께
어떤 유익을 받습니까?
답 부활하는 날
신자들은 다시 살아나서 영광스럽게 됩니다.
그 심판의 날에
공개적으로 인정받고, 용서 받으며,
영원히 하나님을 온전히 즐기는 복을
완전하게 받습니다.

부활의 기쁨

우리가 부활할 때 우리는 비로소 완전히 거룩해집니다. 이미 죄사함 받았지만 그날 공개적으로, 모든 신자들, 아담 이후로 모든 신자들과 천사들이 보는 앞에서 인정받게 됩니다. 무죄 선언이 있을 겁니다.

부활하면 더는 아프지도 않고 다시 죽는 일도 없을 것이라서 기쁘다고 생각해서는 안 됩니다. 완전히 용서받고, 완전히 거룩해지기 때문에 그날을 기다려야 합니다.

아, 1문답에서 공부했던 우리의 삶의 목표, 하나님을 즐김, 그것도 그 부활의 날에 완성됩니다.

<table><tr><td>속량</td></tr></table>

1. 그리스도께서 목숨값을 지불하시고 우리를 사들이심
2. 성령께서 그 속량을 우리에게 주셔서 우리가 속량받은 하나님의 자녀가 되게 하심

39문 하나님께서 사람에게 요구하시는

의무가 무엇입니까?

답 하나님께서 사람에게 요구하시는 의무는

하나님께서 계시하신

그분의 뜻에 대한 순종입니다.

40문 하나님께서 하니님께 순종하는 법칙을

처음에 어떻게 사람에게 계시하셨습니까?

답 하나님께서 사람에게 처음에 계시하신

순종의 법칙은 도덕법이었습니다.

41문 도덕법의 요약본을

우리는 어디에서 찾을 수 있습니까?

답 도덕법의 요약본은

십계명에서 찾을 수 있습니다.

여기서부터 교리문답의 끝까지는(107문답) 하나님이 어떤 하나님이라고 믿어야 하는 지를 가르쳐 줍니다. 십계명과 주기도문이 여기에 포함됩니다.

계시, 십계명

이 '계시'라는 말이 정말 많이 오해받습니다. 다른 사람은 모르게 하나님께서 특별한 사람들에게만 살짝 알려주시는 비밀이라고 착각합니다.

아닙니다. 계시는 공개한다는 뜻입니다. 하나님의 계시는 하나님께서 우리 모두에게 알려주시는 그분의 뜻입니다. 하나님께서 사람들에게 "이렇게 해야 돼"라고 가르쳐주셨습니다. 물론 그 계시는 성경에 담겨 있습니다. 성경 자체가 하나님의 뜻을 보여주는 '특별 계시'입니다.

사람이 어떻게 살아야 하는가, 하나님께서 정하신 의무는 도덕법에 들어 있으며 그 도덕법의 요약본이 바로 십계명입니다.

42문 십계명을 어떻게 요약할 수 있습니까?

답 십계명은 이렇게 요약할 수 있습니다.

1] 네 마음을 다하고 목숨을 다하고 뜻을 다하여 주 너의 하나님을 사랑하라.

2] 네 이웃을 네 자신 같이 사랑하라.

십계명은 사랑입니다.

예수님께서 십계명의 근본 정신을 사랑이라고 규정해주셨습니다. "하나님 사랑, 이웃 사랑." 세상의 모든 법이 법 정신이 있듯이 십계명도 근본 정신이 있습니다. 바로 사랑입니다. 거짓말하지 말라는 말씀조차도 사랑에서 출발해야 합니다. 살인하지 말라는 계명도, 도둑질 하지 말라는 금지 명령도 사랑하는 데까지 나아가야 합니다.

꼭 기억합시다. 십계명은 사랑입니다.

43문 십계명의 머리말은 어떻게 되어 있습니까?

답 "나는 너를 애굽 땅, 종 되었던 집에서
인도하여 낸 네 하나님 여호와니라."

44문 십계명 머리말은
우리에게 무엇을 가르쳐 줍니까?

답 십계명의 머리말은
하나님은 여호와이시며,
우리 하나님이시며,
우리의 구주이시라고 가르쳐줍니다.
그러므로 우리는 그 하나님의 계명을
지켜야 합니다.

계명은 사랑입니다, 첫번째 의미

앞에서 '계명은 사랑입니다'를 살펴봤습니다. 하나님 사랑, 이웃 사랑. 하지만 우리의 사랑이기 이전에 하나님의 사랑입니다. 하나님께서 먼저 사랑하셨습니다.

십계명은 원래 이스라엘 백성에게 주셨습니다. 애굽, 이집트에서 노예살이 하던 이스라엘을 하나님께서 건져내 주셨습니다. 이 출애굽이 앞에서 말한 '속량'의 한 기준입니

다. 속량된 백성에게 하나님께서 값을 치르고 살려낸 백성
에게 요구하신 법이 십계명입니다. 이처럼 십계명은 하나
님의 사랑에서 출발합니다. 이를 십계명 서문에서 말씀하
셨습니다.

십계명은 사랑입니다.

십계명은 사람이 하나님께 해야 할 의무와, 다른 사람들에게 해야 할 의무를 잘 정리하고 있습니다. 예수님께서는 그 내용을 간단하게 두 가지로 요약하셨습니다.

1. 하나님을 사랑하라

사랑하되 온 마음과 정성과 목숨과 '생각(mind)'을 다해서 사랑해야 합니다. 우리 성경에는 이 '생각'이 '뜻'으로 번역되어 있습니다. '생각'이 조금 더 원래의 뜻에 가까워 보입니다. 아무 생각 없이, 무조건 사랑하면, 바른 사랑이 아닙니다. "따지지 말고 그냥 사랑하면 돼!" 아닙니다. 그건 바른 사랑이 아닙니다.

하나님과 이웃을 사랑할 때는 목숨 걸고 생각하면서 하나님을 사랑해야 합니다.

2. 네 이웃을 사랑하라.

이웃을 사랑하는 방식과 정도는 하나님을 사랑하는 정도여야 한다고 하셨습니다.

여기서 우리는 이렇게 요약하고 마음에 새겨 둡시다. 하나님의 계명은 '사랑'입니다. 십계명의 근본 정신은 사랑입니다. 하나님께서 이스라엘 사람들을, 그리고 지금의 교회를 사랑하시듯이 사랑해야 합니다.

해, 하지마(DOs and DON'Ts)

십계명은 '해'(DO)와 '하지마'(DON'T)로 되어 있습니다. 그러다보니 하나님께서 우리에게 '잔소리'만 하신다 싶기도 합니다. 십계명을 이해할 때 잊지 말아야 할 점이 있습니다. 십계명은 하나님처럼 우리도 사랑할 줄 알아야 한다고 그 최소한의 선을 그어 주신 법입니다. 이거 하면 될까, 안 될까? 하나님은 이런 거 하지 말라고 하신 거야? 이런 생각으로 접근하면 틀리기 쉽습니다.

간단한 예시를 들어보겠습니다. "살인하지 말라"에서 어떤 사랑의 정신이 있을까요? 살인은 사랑이 가장 없는, 사랑 부족함의 가장 심각한 증상입니다. 이 살인 금지 계명의 근본은 "이웃을 사랑하라" 입니다. 그러니 남을 때리거나 괴롭혀서는 안 됩니다. 더 나아가서 사랑해줘야 합니다.

십계명은 '사랑의 헌장'입니다. 이 헌장에서 하나님 사랑하는 법을 우리는 1계명에서 먼저 배우고 있습니다.

너는 나 외에는 다른 신들을 두지 말라.

그러니까 오직 이스라엘, 지금의 이스라엘인 교회를 구원하신 그 하나님만을 인정하고 예배하고 사랑해라.

45문 1계명은 무엇입니까?

답 "너는 나 외에는 다른 신들을 두지 말라."

46문 1계명은 우리에게
무엇을 하라고 합니까?

답 1계명은
1] 하나님을 유일한 참 하나님이시며
우리의 하나님이심을
알고, 인정하라고 하십니다.
2] 알고 인정했으면 그에 따라서
하나님을 예배하고,
그분을 높이라고 합니다.

하나님, 우리의 하나님

하나님이 계신다고 인정하는 어떤 사람을 가정해봅시다. 하나님께서 유일한 하나님이라고도 믿습니다. 좋으신 하나님이라고도 믿습니다. 그래서 자기 가족들은, 자녀들은 교회를 보냅니다. 그래야 '착한' 사람 될 거라고 생각합니다. 이 사람은 하나님을 '믿는' 사람일까요?

아닙니다. 하나님을 '우리의' 하나님으로 인정하고 예배해야 진짜 믿는 사람입니다.

신명기 6:4

이스라엘아 들으라 우리 하나님 여호와는 오직 유일

한 여호와이시니

47문 1계명은 어떤 태도를 금하고 있습니까?

　답 1계명은

　　1] 하나님을 참 하나님으로,

　　　그리고 우리의 하나님으로

　　　인정하지 않는 태도를 금하고 있습니다.

　　2] 그 하나님을

　　　높이지도 않고,

　　　예배하지도 않으려는 태도를 금합니다.

　　3] 오직 하나님께만 드려야 할

　　　영광과 예배를 다른 것에게

　　　바치는 태도도 금하고 있습니다.

48문 1계명에서 '내 앞에서'라는 이 말이

　　　우리에게 특별히 가르치는 바는 무엇입니까?*

　답 '내 앞에서'라는 이 말은

　　　하나님께서 모든 것을 아신다는 사실을

　　　상기시켜 줍니다.

　　　우리가 다른 신들을 예배하면

　　　하나님께서 보시고

　　　아주 불쾌해 하신다는 사실을

　　　기억하라고 가르쳐 줍니다.

하나님 외에는? 하나님 앞에서?

우리 성경에는 "너는 '나 외에' 다른 신들을 두지 말라"라고 번역이 되어 있습니다. 영어 성경에서는 '내 앞에'(before me)로 되어 있습니다. 우리 성경에 '나 외에는' 단어 앞에 1)이 붙어 있고 난외주에 보면 '내 앞에'라고 돼 있습니다. 하나님 앞에서라는 말입니다.

48문답은 하나님 앞에서 다른 신을 예배하면 하나님께서 불쾌해 하신다고 말합니다. 우리는 하나님 불쾌하게 할 만한, 하나님 보다 더 중요한 것이 있지 않는지 스스로 물어봅시다.

"너는 내 앞에서 다른 신들을 네게 두지 말라."

49문 2계명은 무엇입니까?

> **답** "너를 위하여 새긴 우상을 만들지 말고
> 또 위로 하늘에 있는 것이나
> 아래로 땅에 있는 것이나
> 땅 아래 물 속에 있는 것의
> 어떤 형상도 만들지 말며
> 그것들에게 절하지 말며 그것들을 섬기지 말라.
> 나 네 하나님 여호와는 질투하는 하나님인즉
> 나를 미워하는 자의 죄를 갚되
> 아버지로부터 아들에게로 삼사 대까지
> 이르게 하거니와
> 나를 사랑하고 내 계명을 지키는 자에게는
> 천 대까지 은혜를 베푸느니라."

좋으신 하나님?

우리는 하나님은 좋으신 하나님, 그래서 화를 잘 내시지 않는 분이라고 믿고 싶어합니다. 하지만 하나님은 죄를 갚으시는 하나님이십니다. 질투도 하십니다. 우리 생각대로 믿는 것, 2계명은 바로 그런 태도를 싫어합니다.

50문 2계명은 우리에게
무엇을 하라고 합니까?

답 2계명은
하나님께서 하나님의 말씀에서 정해 주신 대로
온전하게,
그리고 타협하지 말고[7]
예배와 모든 예식들을
받아들이고 시행하고 지켜 내라고 합니다.

온전하게, 타협하지 말고[7]

'타협이 없어야 한다'는 말은 사람이 좋아하는 방식으로 하면 안 된다는 뜻입니다. 성경의 가르침과 인간의 생각이 손을 잡는 것이 타협입니다. 우리는 오직 성경에 있는 방식으로만 예배해야 합니다.

하나님께서 정하신 예배에 다른 것을 섞으면 안 됩니다. 순수해야 하고 하나님 정하신 방법 외의 다른 방법으로 예배드려서는 안 됩니다.

---

7. 이 부분은 pure and entire 의 번역입니다.

51문 2계명은 어떤 일을 하지 말라고 합니까?

답 2계명은

형상을 놓고 예배하거나

하나님의 말씀에 정해지지 않은

다른 방식으로 예배 드리지 말라고 합니다.

52문 2계명은

이 계명을 지켜야 할 이유가 뭐라고 합니까?

답 2계명은 이 계명을 지켜야 할 이유를

이렇게 말합니다.

1) 하나님은 우리의 주인이시고

우리는 그분의 사람들입니다.

2) 또한 하나님은

우리가 주님을 예배하기를

간절히 원하십니다.

우리의 주인이신 하나님

소교리문답은 계속해서 '속량'에서 다시 이야기를 시작합니다. 속량은 노예를 풀어주는 일입니다. 이스라엘도, 우리도 속량받은 백성입니다. 이제 하나님이 우리의 주인이십니다. 그러니 하나님께서 원하시는 방식으로 그분을 예배해야 합니다. 하나님은 우리의 예배를 간절히 원하십니다. 부모가 자식을 보고 싶어하듯이 하나님께서 우리를 만나고 싶어하십니다. 올바른 예배를 통해서 말입니다.

시편 95:2

우리가 감사함으로 그 앞에 나아가며 시를 지어

즐거이 그를 노래하자.

53문 3계명은 무엇입니까?
  답 "너는 네 하나님 여호와의 이름을
      망령되게 부르지 말라.
      여호와는 그의 이름을 망령되게 부르는 자를
      죄 없다 하지 아니하리라."

망령되게, 헛되게

하나님의 이름을 '망령되게' 부른다는 말이 좀 어렵습니다. 애매하기도 하구요. "별 의미없이, 빈 말로"라는 뜻입니다.

십계명 중 제9계명의 거짓 증언 하지마, 할 때의 '거짓'도 같은 단어입니다(신명기 5:20). 사람이 만든 우상은 살아 있지도 않고 아무 의미도 없습니다. 그래서 우상을 지칭할 때도 이 '망령되다'는 말을 쓰기도 합니다. 제일 심각한 일은 가짜 선지자들이 하나님께서 가르쳐 주신 적이 없는 예언을 할 때입니다. 이를 성경은 '헛된 묵시', '허탄한 묵시'(에스겔 12:24, 13:7)라고 했습니다. 이 말들도 '망령되게, 별 의미 없이' 정도를 넘어서고 있습니다.

그러니까 하나님의 이름을 망령되게 부른다는 말은 마음

에 없이 하나님 이름을 들먹이는 것, 빈 말로 하나님을 높이는 듯한 말들을 말합니다. 하나님께서 하시지도 않은 말을 함부로 하면 그게 3계명을 어긴 겁니다. "축복합니다, 사랑합니다"라는 말을 할 때 진심이 담겨 있지 않고 아무렇게나, 습관처럼 내뱉는다면 여호와의 이름을 '망령되게' 부르는 셈입니다.

1계명의 중요성

마르틴 루터(1483-1546)는 우리에게 잘 알려진 인물입니다. 그분은 당시의 교회가 하나님의 말씀을 왜곡하고, 그 결과 교회가 타락한 것을 가슴 아파했습니다.

루터 박사는 1계명을 전체 계명의 요약이며 핵심이라고 봤습니다. 놀라운 통찰력이라 생각됩니다. 하나님이 진짜로 계시다고 인정하지 않는다면 그 다음 계명은 아무 의미가 없습니다. 하나님을 우리의 왕으로 인정하지 않는다면, 이어지는 모든 계명을 지킬 필요가 없습니다. 47문을 볼까요?

47문 1계명은 어떤 태도를 금하고 있습니까?

답 1계명은

1. 하나님을 참 하나님으로,

    그리고 우리의 하나님으로

    인정하지 않는 태도를 금하고 있습니다.

2. 그 하나님을
  높이지도 않고,
  예배하지도 않으려는 태도를 금합니다.
  그리고는 오직 하나님께만 드려야 할
  영광과 예배를 다른 것에게 바쳐서는
  안 된다고 말합니다.

하나님을 참 하나님으로 인정할 때 우리는 그 하나님을 바로 예배할 마음이 생깁니다. 그 다음 구절은 더 놀랍습니다. "하나님을 우리의 하나님으로 인정하지 않는 것", 이것 또한 1계명이 금하고 있다고 교리문답은 잘 지적합니다. 하나님이 계시다고 인정하지만, 나랑 아무 상관이 없는 분이라고 생각한다면, 그는 하나님을 부인하는 셈입니다. 1계명을 어긴 것입니다.

하나님이 여러분의 하나님입니까? 아니면 우리 엄마의 하나님일 뿐입니까? 엄마의 하나님이시니까 나랑도 조금은 가까운 분이라고 믿고 있지는 않는지요?

다르게 물어보겠습니다. 여러분은 예수님 안에 있어서 예수님의 아버지 하나님을 여러분의 '아버지'로 믿고 있습니까? 계속해서 더 기도하면서 교리문답을 살펴보기로 하지요.

54문 3계명은 우리에게
무엇을 하라고 합니까?
답 3계명은 하나님의 이름과 호칭,
그리고 그분의 성품,
하나님이 정하신 예식이나
하나님의 말씀과 그 하신 일들을
존경하라고 합니다.

55문 3계명은 어떤 태도를 금하고 있습니까?
답 3계명은 하나님께서 자신을 알리시는
모든 수단을 모독하거나
남용하지 말라고 하십니다.

56문 왜 3계명에 경고가 덧붙어 있습니까?
답 이 계명을 어기는 사람들이
사람들에게 벌을 받지는 않더라도
여호와 우리 하나님은
기필코 그들을 벌하실 것이기 때문입니다.

하나님도, 하나님의 방식도 무시하지 마라

하나님의 이름을 함부로 들먹이는 건 하나님을 무시하는 일입니다. 하나님을 높여야 할 우리가 하나님을 낮추는 꼴입니다.

하나님께서 자신을 우리에게 알리시는 모든 수단도 모독해서는 안 됩니다. 그 수단들을 만드신 하나님을 무시하는 행동입니다.

어떤 게 있을까요? 하나님께서 자신을 알리시는 수단. 가장 먼저 성경을 들 수 있겠죠. 설교도 마찬가지입니다. 세례와 성찬도 있습니다. 이에 대해서는 앞으로 더 살펴보겠습니다.

말라기 1:6-14에는 하나님께서 정하신 제사를 우습게 알고 하나님의 이름을 더럽힌 제사장들에게 하신 하나님의 책망이 기록돼 있습니다. 한번 읽어봅시다.

57문 4계명은 무엇입니까?

답 "안식일을 기억하여 거룩하게 지키라."

58문 4계명은 우리에게
무엇을 하라고 명합니까?

답 4계명은
하나님께서 자신의 말씀에서 정하신
안식일을 따로 정해서
여호와의 날로 거룩하게
하나님께 바치라고 합니다.

출애굽기의 안식일

십계명은 출애굽기 20장과 신명기 5장, 두 곳에 기록돼 있습니다. 거의 비슷하지만 제4계명에서 약간 차이가 있습니다. 출애굽기의 4 계명은 이렇게 돼 있습니다.

출애굽기 20:11

이는 엿새 동안에 나 여호와가 하늘과 땅과 바다와 그 가운데 모든 것을 만들고 일곱째 날에 쉬었음이라 그

러므로 나 여호와가 안식일을 복되게 하여 그 날을 거
룩하게 하였느니라

안식일은 하나님께서 창조주이시며 이 세상의 왕이심을
기억하는 날입니다. 그 하나님을 예배하는 날입니다.

59문 하나님께서는 일주일 중 어느 날을
안식일로 정하셨습니까?
답 1] 이 세상이 시작되었을 때부터
그리스도의 부활 때까지
하나님께서는 일주일 중 일곱째 날을
안식일로 정하셨습니다.
2] 그 후에는 일주일의 첫날을
안식일로 정하셨는데,
세상 끝 날까지 계속 될 겁니다.

신명기의 안식일

출애굽기의 4계명은 '창조의 하나님'에 초점을 맞춘 반면, 신명기의 4계명은 '속량'에 초점을 맞추고 있습니다. 이스라엘을 애굽에서 건져 주신 하나님을 기억하면서 지키라고 명하십니다.

신명기 5:15

너는 기억하라 네가 애굽 땅에서 종이 되었더니 네 하나님 여호와가 강한 손과 편 팔로 거기서 너를 인도하여 내었나니 그러므로 네 하나님 여호와가 네게 명령하여 안식일을 지키라 하느니라.

60문 안식일은 어떻게 거룩하게 됩니까?

답 안식일에 거룩하게 쉬어서
그 날을 거룩하게 지켜야 합니다.
1] 다른 날에는 해도 되는 일이나 오락은
피해야 합니다.
2] 종일 공적인 예배, 개인적인 예배를 드리는 데
시간을 써야 합니다.
3] 다른 사람에게 자비를 베푸는 일에는
시간을 써도 됩니다.

주일은 예배의 날

교리문답은 구약의 안식일(토요일)과 신약의 주일(일요일)의 차이를 인정하지 않습니다. 요일은 다르지만 근본 정신이 안식일이라고 봅니다.

60문답이 말하는 공적인 예배란 교회에서 함께 드리는 예배, 개인적인 예배란 가정예배를 의미합니다. 안식일은 예배하는 날입니다. 그리고 병자를 보살피고 위로가 필요한 사람을 심방하는 일을 하라고 합니다.

61문 4계명이 금하는 일들은 무엇입니까?

답 4계명은 안식일에 행해야 할 의무를
소홀히 하거나
주의하지 않는 태도를 금하고 있습니다.
또한 게을러져서 그날을 모독해서도 안 되며
죄가 되는 행동을 하거나
직장에서의 일이나, 오락 등에 대한
불필요한 생각이나 말, 일을 함으로써
그날을 모독해서도 안 됩니다.

하지 말라는 게 왜 이렇게 많지?

주일에 하지 말라는 게 많네요. 왜 그럴까요? 일도 하지 마, 쓸데 없는 생각도 안돼, 불필요한 말도 조심해, 오락도 곤란해. 왜 이럴까요?

두 가지 기본 원리로 돌아가면 답은 간단합니다.

안식일은 무슨 날? 예배하는 날입니다. 예배에 집중합시다. 예배 시간에 딴 생각하면 안 됩니다. 예배드리는 일에 방해되는 일 하지 맙시다.

두번째 질문, 십계명의 근본 정신은 뭐다? 사랑이죠. 안식일에, 주일에 하지 말라는 게 많은 이유는 하나님 사랑하게 하기 위해서입니다. 하나님 사랑의 첫번째가 예배입니다. 우리를 사랑하셔서 우리를 해방시키신 하나님을 높이고 찬양하고 예배하는 데 전념합시다.

62문 4계명에 설명이 덧붙여진 이유가 뭡니까?

답 4계명에 설명이 덧붙여진 이유는
다음과 같습니다.
하나님께서는 우리에게
일할 날을 6일을 주셨습니다.
하지만 하루, 곧 일곱째 날은
하나님의 날입니다.
하나님께서 친히 본을 보이시면서
안식일은 거룩한 날이라고 하셨으며
이 날에 복 주셨습니다.

복된 주일

주일을 거룩하게 지키는 의무가 너무 복잡하고 힘들어 보입니까? 이 의무는 우리가 하나님 사랑하는 지를 보여주는 테스트입니다. 하나님께서 이 날을 복 주셨습니다. 다르게 표현하면 우리에게 복주시기 위한 날입니다.

출애굽기 20:11

그러므로 나 여호와가 안식일을 복되게 하여 그 날을 거룩하게 하였느니라.

안식의 즐거움

앞에서 십계명은 "해!"(DO)와 "하지마!"(DO NOT)로 되어 있다고 했습니다. 4계명은 분명 "해!"(DO)입니다. "기억하고… 거룩하게 지키라." 하지만 이 교리문답이 전해지는 곳마다 이 구절을 "하지마!"(DO NOT)로 받아들였습니다. 미국에서도 그랬습니다. 한국에서도 장로교가 전해졌을 때부터 불과 십 년 전까지 계속 그렇게 생각해 왔습니다. 그러다 보니 이 계명의 근본정신이 뭔지를 잊어버리는 불상사가 생겼습니다.

한번 되짚어 볼까요? 십계명의 근본정신이 뭡니까? 사랑입니다. 하나님을 사랑하고 이웃을 사랑하는 말씀으로 요약됩니다. 루터는 1계명 하나로 요약될 수 있다고 했습니다. 그 견해를 따르면 결국 십계명 전체는 "하나님 사랑", 이 한 마디로 정리할 수 있습니다.

4계명의 가르침에는 당연히 '하나님 사랑'이 바닥에 깔려 있습니다. 주일에 뭘 하면 안 되는가만 신경 쓰다 보면 하나님께서 이 계명을 주신 의도를 잊기 쉽습니다. 따라서 감사도 나오지 않게 됩니다. 십계명에서 이 계명을 주신 이유가 무엇입니까?

십계명 첫 구절로 가 봅시다.
"나는 너를 애굽 땅, 종 되었던 집에서 인도하여 낸 네 하나님 여호와니라."

하나님은 이스라엘을 애굽의 종살이에서 건져내셨습니다. 속량하셨습니다. 이스라엘을 사랑하셔서 '구원'해주셨습니다. 그 사랑을 기억하는 이스라엘은 하나님을 사랑해야 합니다. 그 사랑은 십계명을 통해서 드러납니다.

이런 관점에서 4계명을 지켜야 합니다. 안식일은 하나님께서 천지를 창조하셨음을 기억하는 날입니다. 그리고 이스라엘을 구원해 주셨음을 기억하는 날이기도 합니다. 십계명을 설명하고 있는 다른 구절을 보면 잘 나옵니다.

신명기 5:15입니다.

너는 기억하라. 네가 애굽 땅에서 종이 되었더니 네 하나님 여호와가 강한 손과 편 팔로 거기서 너를 인도하여 내었나니 그러므로 네 하나님 여호와가 네게 명령하여 안식일을 지키라 하느니라.

하나님께서 종살이 하는 삶에서 '건져'주셨다는 사실을 기억하면서 이 날은 그 하나님만 생각하면서 예배하라고 합니다.

예수 믿는 사람은 죄와 마귀에서 건져 주심을 기억하면서 안식일에는, 주일에는 주님을 예배하는 일에 전념해야 합니다. 안식의 즐거움을 누려야 합니다. 예수님을 사랑하니까요.

여러분은 죄와 마귀에게서 풀려났습니까?

더 기도하고 고민해 보시죠. 교리문답을 따라서 말입니다.

63문 5계명은 무엇입니까?
답 "네 부모를 공경하라.
그리하면 네 하나님 여호와가 네게 준 땅에서
네 생명이 길리라."

공경하라?

공경하다. 이 말은 원래 이스라엘 말로 '무겁게 여기다'는 뜻입니다. 우리 말로 하면 '존중(尊重)하다'와 같습니다. 중요(重要)하게 생각한다는 말입니다. 두 단어에 다 무거울 중(重) 자 보이시죠? 부모를 가볍게 보면 안 됩니다. 설혹 가벼워 보이더라도 말입니다.

내 부모님이 다른 사람 보기에 '가벼운', 별로 중요하지 않은 사람이라 하더라도 자식은 존중해야 합니다. 가진 것이 많지 않아도, 다른 집 부모보다 많이 배우지 못했어도 자식들에겐 부모는 존중 받아야 합니다. 이것이 하나님의 계명입니다.

64문 5계명은 어떻게 살라고 합니까?

　답 5계명은

　　　사람들과의 관계에서

　　　윗사람, 아랫사람, 대등한 관계에 있는 사람의

　　　명예를 지켜주고,

　　　그들에 대한 책임을 다해야 한다고

　　　가르쳐 줍니다.

부모 공경이 사람 대하는 모든 태도의 기본이다

64문답은 아주 특이합니다. 부모를 공경하라. 이 말은 우리가 다 쉽게 이해합니다. 어릴 때부터 교육받아서 알고 있습니다. 그런데 여기서는 윗사람, 아랫사람, 친구, 모든 사람의 명예를 지켜 주어야 한다고 말합니다. 부모에 대한 책임도 다해야 합니다. 다른 사람에 대해서도 마찬가지입니다.

부모 공경이 대인관계의 기본 태도다, 이렇게 결론 지을 수 있겠습니다.

65문 5계명이 금하는 일은 무엇입니까?

답 5계명은

다른 사람을 무시하는 태도를 금합니다.

또한 우리 주변에 있는 사람들에 대한 책임을

게을리 하지 말라고 명합니다.

그들이 어떤 상황에 있더라도 말입니다.

자기 부모를 무시하면 남들도 무시하게 된다.

교리문답은 지금 긍정문으로 했던 말을 부정 명령문으로 강조하고 있습니다. 엄마도 무시하지 말고, 친구도 무시하지마.

66문 5계명에 약속이 덧붙어 있는 이유는 무엇입니까?
답 5계명을 지키는 사람들에게는
장수와 번성의 약속이 덧붙어 있습니다.
그렇게 됨으로써 하나님을 높이게 되고,
우리들에게는 유익이 되는 범위에서
그 약속이 이뤄집니다.

하나님께서 네게 주시는 땅에서

십계명을 언제 주셨습니까? 이스라엘이 애굽에서 구출받아서 이제 하나님께서 약속하신 가나안 땅, 팔레스타인으로 가는 길에 주셨습니다. 그 땅은 하나님께서 보호하시고 복주시기로 약속하신 땅입니다.

하나님께서 약속하신 이 땅에서 잘 살고, 오래 산다는 말은 하나님 백성답게 살아서 하나님의 복을 받는다는 뜻입니다. 그러면 결국 "부모를 존중하는 삶"은 가장 하나님 백성다운 삶이라는 뜻입니다.

부모를 공경하는가? 이것이 우리의 신앙을 판단하는 중요한 테스트입니다. 기도를 얼마나 많이 하는가, 봉사를 얼마나 많이 하는가 못지 않게 중요한 신앙의 표입니다.

67문 6계명은 무엇입니까?

답 "살인하지 말라."

68문 6계명은 무엇을 하라고 명령합니까?

답 6계명은

하나님의 율법이 허용하는 범위에서

우리 자신의 목숨과

타인의 목숨을 보호하라고

명하고 있습니다.

십계명의 기본 정신

다시 확인합시다. 십계명의 근본 정신이 무엇인지를. 그래야 길을 잃지 않습니다.

살인하지 말라. 그냥 이것만 성경이 가르치고 있을까요? 아닙니다. 이 계명도 '이웃 사랑'의 틀 안에 있습니다.

그렇다면 살인 금지, 여기에 어떤 사랑이 담겨 있을까요? 주님께서 말씀하셨습니다. 욕하지마, 미워하지마.

마태복음 5:22입니다.

나는 너희에게 이르노니 형제에게 노하는 자마다 심판

을 받게 되고 형제를 대하여 라가라 하는 자는 공회에
잡혀가게 되고 미련한 놈이라 하는 자는 지옥 불에 들
어가게 되리라

'라가'라는 말이 무슨 뜻인지는 학자들 사이에서도 의견
일치가 안 되나 봅니다. 그래서 그냥 발음 그대로 써 뒀습
니다. 그렇다 하더라도 앞뒤 구절 보면 짐작할 수 있습니
다. 이건 욕입니다. 욕하지마. 그건 존중하는 마음이 아냐.
5계명에서 이어지는 가르침입니다.

욕하지마, 비야냥거리지마. 여기서 주님은 한 걸음 더 나
아가십니다.

마태복음 5:44-45

나는 너희에게 이르노니 너희 원수를 사랑하며 너희를
박해하는 자를 위하여 기도하라. 이같이 한즉 하늘에
계신 너희 아버지의 아들이 되리니 이는 하나님이 그
해를 악인과 선인에게 비추시며 비를 의로운 자와 불
의한 자에게 내려주심이라

이웃을 사랑하고 형제를 사랑할 뿐 아니라 원수까지 사

랑하라고 하십니다. 하나님의 자녀들은 그래야 합니다. 살
인하지 말라. 여기에도 사랑이 담겨 있습니다.

69문 6계명은 어떤 일을 금하고 있습니까?
답 6계명은 스스로 목숨을 끊는 일과
우리 이웃의 목숨을 부당하게 해치는 일,
혹은 자살과 살인으로 우리를 끌어가는
모든 일을 금하고 있습니다.

자살은 죄일까요?

먼저 답부터 말씀드리겠습니다. 죄입니다. 살인죄입니다. 69문답은 자살부터 먼저 금하고 있습니다.

왜 그럴까요? 생명은 하나님의 것이기 때문입니다. 다른 사람의 생명도 내가 해치면 안 됩니다. 그러니 때려서도 안 됩니다. 말로 상처 주는 것도 아주 나쁜 죄입니다. 성경에 비춰 볼때는 살인죄입니다.

마찬가지로 내 생명이라고 내 마음대로 죽이면 똑같은 살인죄입니다. 속량받은 우리의 주인은 하나님이시기 때문입니다.

부모 공경하는 사람은 모든 사람을 사랑합니다.

부모에게 효도하라는 유교식 옛 가르침은 청소년기의 학생들에게는 '고리타분한' 이야기로 들릴 수 있습니다. 가장(家長) 중심, 아버지 중심의 사고방식으로만 보입니다. 이런 생각을 '가부장적 권위주의'라고 거창하게 말합니다.

19세기의 영국도 비슷했었나 봅니다. 빅토리아 왕조시대를 케케묵은 노인들 잔소리가 넘치던 시대로 보기도 합니다. 우리 식으로 말하면, 지금이 조선시대야? 하는 반응이 나올 법합니다.

이 교리문답이 쓰인 17세기는 어땠을까요? 빅토리아 시대 뺨칠 시대입니다. 훨씬 더했겠지요. 하지만 그 시대 어른들이 지금 봐도 놀랄만한 가르침을 내놓고 있습니다. 64문답을 다시 볼까요?

64문 5계명은 어떻게 살라고 합니까?

답 5계명은

사람들과의 관계에서

윗사람, 아랫사람, 대등한 관계에 있는 사람의

명예를 지켜주고,

그들에 대한 책임을 다해야 한다고

가르쳐 줍니다.

5계명에 아랫사람에 대한 책임까지 다루고 있습니다. 아랫 사람의 명예를 지켜주고, 그들에 대한 책임을 다해야 한다고 합니다. 부모님께 순종하고 그분들을 공경해야 한다는 성경의 가르침을 확대해서 아랫사람의 '명예'를 존중하라고 가르쳐 줍니다. 우리나라 역사에 대입하자면 조선 중기 시대 분들인 그 어른들이 아랫사람의 '명예'를 5계명에서 찾아냈습니다. 어른들이, 머리 허연 목사님들이 앉아서 만들어낸 교리문답에서 어린 아이들, 자식들의 '명예'와 인격'을 존중해야 한다는 가르침을 적어냅니다. 놀랍지 않습니까?

그러므로 이 계명 앞에서 부모들도 겸허히 무릎 꿇고 반성해야 합니다. 회개해야 합니다. 자식들의 '명예'를 중시

할 줄 알아야 합니다.

하지만 이 계명은 중심은 어디까지나 "네 부모님을 공경하라"입니다. 그게 일차적인 뜻입니다. '공경'이라는 말은 '무겁다'는 말에서 나왔습니다. 부모님을 '가볍게' 대하지 말라는 말입니다. 굳이 한자어로 맞추면 귀중히 여기라는 뜻입니다. '무거울 중(重)'이니까요.

네 부모를 귀중하게 여기라. 존중해라. 비록 세상 사람들이 보기엔 하찮아 보여도, 너 마저 가벼이 여겨서는 안 된다. 특히나 네가 하나님을 아는 하나님의 백성이라면 말이다.

우린 다시 물어보게 됩니다. 넌 진짜 하나님 자녀야?
그걸 뭘로 알 수 있다구요?

70문 7계명은 무엇입니까?

답 "간음하지 말라"입니다.

71문 7계명은 명하는 바는 무엇입니까?

답 7계명은 우리 자신과 이웃의 성적인 순결을
명하고 있습니다.
생각, 말, 행동, 모두가 순결해야 합니다.

72문 7계명은 어떤 태도를 금하고 있습니까?

답 7계명은
성적으로 부정한 생각, 말, 행동을
금하고 있습니다.

내가 거룩하니 너희도 거룩하라

'거룩하다'는 말은 '다르다'는 뜻에서 나왔습니다. 하나님은 거룩하십니다. 다른 신들과 다르시죠. 다른 신이란 존재하지 않으니까요. 5문답에서 배웠습니다. 그리고 하나님은 사람과 달리 거룩하십니다.

하나님께서 말씀하십니다. "내가 거룩하니 너희도 거룩하라." 간음, 음란의 죄에 대해서 하나님께서 말씀하십니

다. 세상 사람들은 그런 죄를 가볍게 생각해도 너희는 달라
야지. 내가 다른 신들과 다르듯이 말이야.

레위기 14:45입니다.

나는 너희의 하나님이 되려고 너희를 애굽 땅에서 인
도하여 낸 여호와라 내가 거룩하니 너희도 거룩할지
어다.

하나님께서는 이스라엘을 애굽에서 구출하셨습니다. 그
백성들의 하나님이 되시고 싶어서. 그리고는 말씀하십니
다. 거룩해라.

예수 믿어 구원받은 하나님의 자녀도 그래야 합니다.
"거룩해라, 나처럼."

73문 8계명은 무엇입니까?

답 "도둑질 하지 말라."

74문 8계명은 무엇을 명합니까?

답 8계명은 합법적으로 일해서

우리 자신과 다른 사람들의

부(富)와 재산을 늘리라고 명합니다.

75문 8계명은 어떤 태도를 금하고 있습니까?

답 8계명은

우리 자신이나 다른 사람들의 돈이나 재산을

옳지 못한 방법으로 잃게 하는 태도를

금하고 있습니다.

네 이웃을 사랑하라

다시 물어 봅시다. 십계명의 근본정신은 무엇입니까? 사랑입니다. 하나님을 사랑하고 이웃을 사랑하라. 이것이 십계명, 더 나아가서 율법 전체의 근간, 즉 줄기와 뿌리입니다.

그렇다면 8계명에서는 그 정신이 어떻게 적용되어야 할

까요? 남의 거 뺏거나 훔칠 생각 하지마. 오히려 네 거로 남을 도와줘.

간단하죠? 십계명은 사랑입니다.

에베소서 4:28

도둑질하는 자는 다시 도둑질하지 말고 돌이켜 가난한 자에게 구제할 수 있도록 자기 손으로 수고하여 선한 일을 하라.

우와~~!

"도둑질 하지마"가 "네가 벌어서 남 도와줘"로 올라갑니다. 승화됩니다.

반대로 말하면 남 도와줄 줄 모르는 그리스도인은 8계명을 제대로 못 지키고 있다고 할 수 있습니다.

76문 9계명은 무엇입니까?

답 "네 이웃에 대하여 거짓 증거하지 말라."

77문 9계명이 명령하는 바는 무엇입니까?

답 9계명은 사람과 사람 사이가

진실해야 하며

진실함이 더 자라게 해야 한다고

명령합니다.

또한 우리 자신과 다른 사람의 명예를

지키고 발전시켜야 한다고 가르칩니다.

특히, 증언할 때 더 그래야 합니다.

78문 9계명은 어떤 태도를 금하고 있습니까?

답 9계명은 두 가지를 금하고 있습니다.

1] 진실을 왜곡하는 일

2] 우리 자신이나 우리 이웃의

명예를 해치는 태도.

문제는 거짓말이냐가 아닙니다

몇 번을 되풀이 해도 지나치지 않습니다. 십계명의 근본은 사랑입니다. 거짓말 하지마, 이 계명도 사랑으로 보면 간단합니다.

요즘은 과학 수사를 합니다. 지문으로 범인을 찾습니다. 핏자국이 있으면 그 피로 DNA를 찾아냅니다. 그리고 나서 목격자입니다. 아, 그것도 CCTV가 먼저네요. 하지만 옛날에는 증인의, 목격자의 증언이 증거의 대부분이었습니다. 이웃 사람이 도둑으로 오해를 받고 있다고 생각해봅시다. 나쁜 마음 먹으면 은근히 그 이웃에게 불리한 증언을 할 수도 있습니다. 거짓 증언은 이웃을 해치는 칼이 됩니다.

"내가 없는 말 했나 어디?" 남 흉보는 사람들이 잘 하는 말이죠. 안 됩니다. 맞는 말이라도 남의 명예를 깎아내리기 위해서 하는 말이라면 거짓말보다 더 나쁠 수도 있습니다. 이웃의 명예를 해치는 말과 행동, 이것을 9계명이 금하고 있습니다.

우리가 하는 말이 거짓말이냐 아니냐 보다 사랑을 위해서 하는 말인가를 늘 스스로 물어봐야 합니다. 참말이든 거짓말이든지요.

에베소서 4:29

무릇 더러운 말은 너희 입 밖에도 내지 말고 오직 덕
을 세우는 데 소용되는 대로 선한 말을 하여 듣는 자
들에게 은혜를 끼치게 하라.

79문 10계명은 무엇입니까?

  답 "네 이웃의 집을 탐내지 말라.

  네 이웃의 아내나 그의 남종이나 그의 여종이나

  그의 소나 그의 나귀나

  무릇 네 이웃의 소유를 탐내지 말라."

80문 10계명은 명하는 바는 무엇입니까?

  답 10계명은

  우리가 처한 환경에 만족하라고 명합니다.

  또한 다른 사람과 그들의 재산을

  올바르고 자비로운 마음으로 대해야 합니다.

81문 10계명이 금하는 바는 무엇입니까?

  답 10계명은

  자신의 처지에 불만을 갖지 말라고 합니다.

  우리의 이웃이 잘 될 때,

  시기해서도 안 되며,

  이웃의 것을 탐을 내서

  마음이 흔들리거나

  나쁜 짓을 해서도 안 됩니다.

탐내지 말라, 여기서도 사랑을…

10계명은 한마디로 "탐내지 말라"입니다. 여기서도 십계명의 근본정신은 동일하게 적용돼야 합니다. 이웃 사랑.

당연히 이웃의 것을 훔치거나 억지로 뺏으면 안 됩니다. 그건 8계명도 금하고 있습니다. 더 나아가서 탐내는 마음도 죄입니다. 열심히 일해서 내가 원하는 걸 사겠다고 한다면 나쁠 건 없습니다. 하지만 가질 수 없는 것을 탐내면 그건 죄입니다. 이웃 사랑이 아닙니다. 뿐만 아니라 우리가 처한 환경에 만족할 줄 모르고, 하나님을 인정할 줄 모르는 태도입니다.

히브리서 13:5

돈을 사랑하지 말고 있는 바를 족한 줄로 알라. 그가 친히 말씀하시기를 "내가 결코 너희를 버리지 아니하고 너희를 떠나지 아니하리라" 하셨느니라.

82문 하나님의 계명을
완벽하게 지킬 수 있는 사람이 있습니까?

답 아담이 '떨어진' 이후로
하나님의 계명을 완벽하게 지킬 수 있는 사람은
없습니다.
이 땅 위에 사는
그냥 사람이라면 그건 불가능합니다.
오히려 매일
생각과 말, 그리고 행동으로
계명을 어깁니다.

타락, 떨어짐

아담이 완전하던 상태에서 떨어졌습니다. 타락했습니다. 죄와 비참의 상태가 되었습니다. 그 상태에 있는 우리 모든 아담의 후손들은 하나님의 계명을 완전하게 지킬 수가 없습니다. 불가능합니다. 그래서 우리 모두는 죄인이라고 말합니다.

83문 율법을 어기는 모든 죄가 똑같이 나쁩니까?

답 하나님께서는 어떤 죄는 더 나쁘게 보십니다.

1]죄의 본질이 특별히 더 악한 경우

2]죄를 더 나쁘게 만드는

다른 요인들이 있는 경우

84문 죄라는 죄는 모두 다

어떤 벌을 받아 마땅합니까?

답 죄라는 죄는 모두 다

하나님의 진노와 저주를 받아 마땅합니다.

이 세상 살면서,

그리고 장차 올 세상에서도 받아 마땅합니다.

벌 받지 않을 수 있는 죄가 있을까?

없습니다. 모든 죄는 다 벌을 받아야 합니다. 핑계할 수 없습니다. 모르고 짓는 죄는 벌을 면할 수 있을까요? 아닙니다. 모르고 짓는 죄. 이는 우리가 진짜 죄인임을 증명해 줍니다. 나도 모르는 사이에 죄를 지을 수 있는 인간. 모든 인간이 죄인임을 잘 보여줍니다.

십계명은 누가 지킬수 있습니까?

하나님께서 이스라엘 백성에게, 그리고 오늘날 모든 사람에게 십계명을 주셨습니다. 하지만 이 십계명을 완벽하게 다 지킬 수 있는 사람은 없습니다. 우리의 교리문답은 '그냥 사람이라면' 지킬 수 없다고 합니다. 여기서 단순한 사람이 아닌 어떤 특별한 사람은 가능하다는 암시를 깔고 있습니다. 누구일까요?

사람이 예수를 믿어야 하는 이유는 딱 한가지입니다. 계명을 지키지 못하는 모든 사람들이 하나님의 진노와 저주를 피하기 위해서입니다. 계명을 지키지 못하는 사람, 즉 죄를 짓는 모든 사람들에게 내리시는 벌을 피하기 위해서는 예수를 믿지 않으면 안 됩니다. 예수님께서 우리 대신 벌을 받으셨기 때문입니다. 우리의 '속전'이 되셨습니다(5주차, 73-74 쪽).

결론 : "십계명을 지킬 수 있는 사람은 없다."

85문 죄 때문에 우리가 받아야 하는
하나님의 진노와 저주를 피하기 위해서
하나님은 우리에게 무슨 일을 하라고 명하십니까?
답 죄 때문에 우리가 받아야 하는
하나님의 진노와 저주를 피하기 위해서
하나님은 다음과 같이 명하십니다.
1] 예수 그리스도를 믿으라.
2] 회개하여 생명을 가지라
3] 그리스도께서 우리에게 속량의 은혜를 주시는
외적인, 눈으로 볼 수 있는 수단들을
부지런히 활용하라.

절망 끝에 희망

84문답까지 오면 우리는 절망할 수 밖에 없습니다. 십계명의 각 계명이 무엇을 하라고 하는가, 어떤 일은 하면 안 되는가? 이런 고민을 하면서 여기까지 오면, 교리문답은 이렇게 선언합니다. "넌 안 돼!", 넌 계명 지킬 수 없어! 이럴 거면 왜 이렇게 힘들게 십계명을 가르쳤을까요? 십계명 못 지키는 죄인은 하나님의 진노와 저주를 받아야 한다 하니, 절망할 수밖에 없습니다.

84문답이 '절망 선언'이라면 85문답은 '희망 선포'입니다. 예수 믿어라. 회개하라. 속량의 은혜를 받기 위한 모든 수단을 잘 활용해라. 진노와 저주를 피할 수 있다고 합니다. 교리문답이 그렇게 가르칩니다. 그러니까 성경이 말해주고 있다는 말입니다.

여기서 한 가지 질문만 하고 넘어갑시다. 속량의 은혜를 전달해주는 '외적인 수단'을 잘 활용하라고 한다. 그러면 외적인 수단과 다른 내적인 실체는 뭘까요?

86문 예수 그리스도를 믿는 믿음이란 무엇입니까?

답 예수 그리스도를 믿는 믿음이란
하나님께서 우리를 구원하시려는
자비로운 은혜입니다.
이 은혜를 통해서 구원받기 위해서는
오직 그리스도만을 받아들이고
그 분을 의지하게 됩니다.
이 예수 그리스도는 복음 안에서
자신을 우리에게 주십니다.

믿음, 하나님의 선물

믿음을 설명하면서 우리의 교리문답은 그 믿음이 '은혜'라고 말합니다. '선물'이라는 뜻입니다. "나는 예수님을 믿습니다." 이렇게 말할 때 분명 주어는 '나'입니다. 내가 판단해서, 내가 믿었고, 지금도 믿기 때문에 교회에 나갑니다. 하지만 그렇게 해서 '믿는' 사람, 즉 신자가 되었다고 한다면, 그 믿음 자체는 하나님이 주시는 선물이라고 성경은 말합니다. '내가 믿었잖아'라는 항변을 성경은 허용하지 않습니다.

성경에서 확인해 볼까요? 에베소서 2:10입니다.

너희는 그 **은혜**에 의하여 믿음으로 말미암아 구원을 받았으니 이것은 너희에게서 난 것이 아니요 하나님의 **선물**이라.

은혜가 곧 선물입니다. 에베소서 뿐 아니라 성경에 있는 '은혜'라는 단어는 다 그렇습니다.

87문 생명에 이르게 하는 회개는 어떤 것입니까?
　답 생명에 이르게 하는 회개는
　　우리를 구원받게 하는 은혜입니다.
　　이 은혜 덕분에 죄인은
　　　자기의 죄를 제대로 알고
　　그리스도 안에 있는
　　　하나님의 자비를 이해하고
　　　그 죄를 슬퍼하고 미워하면서
　　　그 죄에서 돌아서서 하나님께로 향합니다.
　　그리고 하나님께 온전히 순종하려고
　　　결심하고 노력합니다.
　　이것이 생명에 이르게 하는 회개입니다.

생명에 이르게 하는 회개

회개는 뉘우치고 고친다는 뜻입니다. 아담 이후로 모든 인간은 아담이 받은 죽음의 저주를 함께 받습니다. 그래서 우리는 죽어 있습니다(엡 2:1). 회개하면 생명을 얻습니다. 살게 됩니다. 생명이신 하나님께서 다시 생명을 주십니다.

회개는 죽음으로 달려가던 사람이 U턴을 해서 생명으로 나아가는 결단입니다.

87문 생명에 이르게 하는 회개는 어떤 것입니까?

답 생명에 이르게 하는 회개는
우리를 구원받게 하는 은혜입니다.
이 은혜 덕분에 죄인은
자기의 죄를 제대로 알고
그리스도 안에 있는
하나님의 자비를 이해하고
그 죄를 슬퍼하고 미워하면서
그 죄에서 돌아서서 하나님께로 향합니다.
그리고 하나님께 온전히 순종하려고
결심하고 노력합니다.
이것이 생명에 이르게 하는 회개입니다.

회개, 구원 받게 하는 은혜

은혜는 선물이라는 뜻입니다. 회개도 은혜입니다. 이 은혜, 이 선물이 우리를 구원으로 이끌어 갑니다. 교리문답은 폭넓게 쓰이는 '은혜'의 의미를 좁혀 규정했습니다.

'구원 받게 하는 은혜'

은혜가 우리에게 오면 우리가 죄인임을 깨닫습니다. 은

혜 받으면 내가 얼마나 못났는지부터 알게 됩니다. 다음으로 하나님의 자비를 이해하게 됩니다. 죄를 슬퍼하고 미워합니다. "나는 구원 받았는가?" 이 문제를 점검할 때 꼭 이 질문부터 해야 합니다. "나는 죄를 미워하는가? 죄 지었다는 사실이 슬퍼지는가?"

마지막으로, 회개의 은혜를 받은 사람은 하나님께 순종하고 싶어집니다.

88문 그리스도께서 속량의 은혜를
우리에게 전해주시는
외적이고 일반적인 수단은 무엇입니까?

답 그리스도께서 속량의 은혜를
우리에게 전해주시는 외적이고 일반적인 수단은
그리스도께서 정하신 의식들인데,
특별히 말씀, 성례, 기도입니다.
이 모든 수단을 통해서 택하신 사람들을
구원하십니다.

외적인 수단, 실제적인 주체

외적인 수단이란 말에서 그 수단을 활용해서 실제로, '내적으로' 일하는 주체가 따로 있다는 암시를 엿볼 수 있습니다. 누굴까요? 그리스도께서 이루신 속량의 은혜를 우리에게 전해주시는 분은 누구실까요? 다음 문답에서 나옵니다. 성령님이십니다.

기독교의 두 가지 성례

성례에는 세례와 성찬, 두 가지만 있습니다. 천주교는 일곱가지 성례가 있다고 말합니다. 하지만 세례와 성찬, 이 두 가지 말고는 성경에 없습니다. 그래서 우리는 이 두가지 성례만 인정합니다. 그래서 93문답에 가면 '신약의 성례는 두 가지 뿐이라고 합니다.

89문 말씀을 통해서 성령님은
어떻게 택한 백성들을 구원하십니까?
답 하나님의 영께서는 말씀을 읽을 때,
특히 말씀을 설교할 때,
죄인들이 자신들의 죄를 깨닫게 하시고,
그 마음을 바꾸게 하시며
믿음을 통해서 견고하게 세우셔서
거룩하게 하시고
위로하십니다.
그래서 구원받게 하십니다.

말씀과 성령

하나님의 말씀을 읽을 때, 설교를 들을 때 성령께서 일하십니다. 죄인들이 죄인임을 깨닫게 하십니다. 그리고 회개하게 하십니다. 앞서 한 말대로 U턴하게 하십니다. 설교가 아무리 좋아도 성령께서 함께 하시지 않으면 의도한 결과가 나올 수 없습니다.

은혜의 수단, 구원의 수단

그리스도께서 우리 죄를 대신 '뒤집어쓰고' 십자가에 달려 돌아가셨습니다. 우리 대신 돌아가셨습니다. 그리고 그 죽음의 힘을 이기시고 부활하셨습니다. 그렇게 하심으로써 우리는 의로운, 죄 없는 사람으로 인정받을 수 있게 되었습니다. 죄와 죽음에서 '풀려' 나게 하십니다. 풀려남, 이것을 성경은 '속량', 혹은 '구속'이라고 합니다. 교리문답은 이 속량을 계속 강조하고 있습니다.

이처럼 그리스도께서 이뤄 놓으신 '속량'이 주는 유익, 혹은 혜택을 우리는 어떻게 받을 수 있습니까? 교리문답은 말씀, 성례, 기도가 은혜를 받는 수단, 도구라고 가르쳐 줍니다. 그리고 이 수단을 성령께 활용하셔서서 우리가 구원받게 하십니다. 그래서 이 셋은 은혜의 수단이며 구원의 수단입니다.

말씀

예수 믿으면 구원 받습니다. 믿음이 열쇠입니다. 이 믿음은 '말씀'을 들을 때 생겨납니다. 로마서 10:17입니다.

그러므로 믿음은 들음에서 나며 들음은 그리스도의 말씀으로 말미암았느니라.

말씀은 믿음이 생기게 합니다. 믿음이 있어야 구원받습니다. 그래서 말씀은 '구원의 수단'이 됩니다. 말씀을 읽어야 믿음이 생겨납니다. 설교 말씀을 들어야 믿음이 생겨납니다.

성례

성례는 말씀과는 좀 차이가 있습니다. 성례는 세례와 성찬입니다. 이 성례를 통해서는 믿음이 "생겨나지는" 않습니다. 대신 믿음이 강화되고 유지됩니다. 세례를 받고, 성찬에 참여하면 믿음이 더 건강해집니다. 그래야 합니다. 기도 역시 마찬가지입니다. 이런 점에서 말씀이 더 중요해집니다. 교회를 다니지 않고는 신자가 제대로 믿음을 유지할 수 없습니다. '말씀'을 들어야 믿음이 생기고 유지됩니다. 성찬식을 통해서 믿음이 강화되어야 합니다. 그렇지 않으면 믿음이 유지되기 어렵기 때문입니다. 이 성례는 다음 주에 더 자세히 보겠습니다.

여러분은 세례 받았습니까? 그 세례 역시 '구원의 수단'인데, 여러분이 세례 받았다는 사실 때문에 믿음이 강해지는 걸 경험했습니까?

90문 하나님의 말씀을 어떻게 읽고 들어야
구원을 받을 수 있습니까?

답 하나님의 말씀을 읽고 들어서
구원받게 되려면
우리는 부지런히, 준비하고, 기도하면서
읽고 들어야 합니다.
또한 말씀을 믿음과 사랑으로 받아야 하며
마음에 담아두고
매일 삶에서 실천해야 합니다.

말씀이 기대한 성과를 얻으려면

하나님의 말씀이 원래 의도한 성과가 나려면, 즉 말씀을 듣고 읽는 사람들이 구원을 받으려면 부지런히 준비하고, 기도하면서 읽고 들어야 합니다. 단순한 의무감으로 읽어서는 그런 결과를 기대하기 어렵습니다.

특히 설교를 생각해 볼까요. 설교 들으면서 이 설교가 우리를 구원하는 수단이 된다는 생각을 하면서 듣나요? 정말 그런가요? 진지하게 기도하고 기대하면서 듣나요? 설교 내용을 마음에 담아두라고 교리문답은 말하는데, 설교를 얼마나 마음에 담아둡니까? 진지하게 90문답을 읽고 반성합시다.

91문 성례는 어떻게 시행해야 구원 받게 하는
수단이 됩니까?
답 성례 자체가 유익이 되지는 않습니다.
성례를 집행하는 사람에 좌우되지도 않습니다.
오직 그리스도께서 복 주시고,
성령께서 그 성례를 통해 일하시며
그 성례를 받는 사람이 믿음으로 받을 때만
성례가 구원 받게 하는 수단이 됩니다.

성례, 구원의 수단

성례, 즉 세례와 성찬이 우리를 구원하기 위해 성령께서 쓰시는 수단, 방편이 된다고 말합니다. 우리는 우리가 받은 세례를 이렇게 진지하게 생각합니까?

성례 자체가 우리를 구원하지는 않습니다. 누구한테 세례를 받았느냐도 중요하지 않습니다. 성례가 우리를 구원하시는 수단이 될 수 있는 힘은

1) 그리스도의 복 주심 때문에

2)성령께서 성례를 통해 일하시기 때문입니다.

성찬 때 입는 목사의 가운의 화려함은 아무 도움이 안 됩니다. 유아 세례를 얼마나 멋있게 하느냐도 의미 없습니다.

92문 성례가 무엇입니까?

답 성례란 그리스도께서 제정하신 거룩한 예식입니다.
성례는 그리스도와 새 언약을 신자들에게
보여주며, 확증하며,
실행됩니다.
성례는 이런 점에서 보고, 만질 수 있는
상징입니다.

성례의 목적

성례는 예수님께서 정하셨습니다. 목적은 그리스도와 새 언약을 보여주기 위함입니다. 성례를 그리스도께서 하신 일을 보여주기 위해서 그리스도께서 친히 제정하셨습니다.

성찬식 때마다 들어서 익숙한 성경 구절 하나 봅시다. 고린도전서 11:23입니다.

내가 너희에게 전한 것은 주께 받은 것이니 곧 주 예수께서 잡히시던 밤에 떡을 가지사

성찬식은 주님께서 전해 주셔서 교회가 받은 것입니다.

93문 신약성경이 가르치는 성례는
무엇이 있습니까?
답 신약성경의 성례는
세례와 성찬이 있습니다.

신약성경의 성례

성례를 이렇게 제한한 이유가 있습니다. 천주교의 성례는 일곱 가지입니다. 하지만 그 일곱 성례 중에 신약성경에 있는 것은 둘 뿐이라는 의미입니다. 그리고 구약의 성례는 신약 시대의 교회에 더 이상은 필요하지 않다는 선언이기도 합니다.

94문 세례가 무엇입니까?

답 세례는 아버님과 아드님과 성령님의 이름으로
물로 죄를 씻는 성례입니다.
이 세례는 우리가 그리스도에게 접붙여지고
은혜 언약의 유익을 함께 누린다는 뜻이며,
이를 확인하기 위해 찍은 도장입니다.
또한 그리스도의 것이 되겠다는
우리의 약속을 의미하며
그 약속을 증명하기 위해 찍은 도장입니다.

세례 = 씻음+언약+도장

1) 세례, '씻는 예식'입니다. 당연히 죄를 씻는 과정입니다.

2) 그리스도에게 '접붙여지는' 의식입니다. 접붙임은 나무 가지를 잘라서 다른 나무에 연결시키는 작업입니다. 접붙여진 가지는 새로운 줄기의 나무가 되어 갑니다. 마찬가지로 죄인이던 우리는 그리스도라는 나무의 일부가 되어 의로운 가지가 됩니다.

3) 이 세례를 통해서 우리는 하나님 아버지, 그 아드님

예수, 그리고 성령님 '안에' 들어갑니다. 그래서 세례식에
서는 "성부와 성자와 성령의 이름으로 세례를 주노라"고 합
니다. "이름 안으로" 들어가는 세례를 줍니다.

마태복음 28:19
그러므로 너희는 가서 모든 민족을 제자로 삼아 아버
지와 아들과 성령의 이름으로 세례를 베풀고

95문 누가 세례를 받아야 합니까?

답 1] 교회의 회원이 아닌 사람들은
그리스도에 대한 믿음과 순종을
고백할 때까지는
세례를 받아서는 안 됩니다.
2] 눈으로 볼 수 있는 교회 회원의 유아 자녀들은
세례를 받아야 합니다.

세례, 교회의 회원 자격

세례 받지 않으면 교회의 회원이 아닙니다. 세례 받아서 삼위 하나님(하나님 아버지, 그 아드님 예수님, 성령님) 안으로 들어갑니다. 마찬가지로 그리스도의 몸인 교회 안으로도 들어갑니다(고전 12:13).

교회의 회원인 신자의 갓 태어난 자녀들도 세례 받아야 합니다. '유아세례'를 설명하자면 오래 걸리니까 여기서 간략히 두 가지만 말하겠습니다. 우선, 성경에 근거가 있습니다. 둘째, 교회는 신약성경 직후 시대부터 400년 동안 유아 세례를 시행했다는 수많은 증거들이 있습니다. 물론 이 두 가지에 대한 반론도 만만치는 않습니다.

우리의 교리문답은 유아세례를 시행해야 한다고 가르칩니다.

고린도전서 12:13
우리가 유대인이나 헬라인이나 종이나 자유인이나 다 한 성령으로 세례를 받아 한 몸이 되었고 또 다 한 성령을 마시게 하셨느니라

여기서 '한 몸'이 그리스도의 한 몸, 즉 교회를 뜻합니다.

세례, 그 깊은 의미

세례를 왜 받아야 합니까? 세례는 무슨 뜻이 있습니까?

1. 세례는 우리의 죄를 씻는 예식입니다. 우리의 죄가 우리 영혼을 더럽혔으며, 그래서 그 죄를 씻어야 한다는 고백이 담겨 있습니다. 그래서 삼위 하나님, 즉 아버지 하나님, 아들이신 예수님, 그리고 성령님의 이름으로 그 죄를 씻는 예식을 행합니다. 세례에서 물을 사용하는 이유가 여기에 있습니다.

2. 세례는 우리가 그리스도 안으로 접붙임 되었다는 의식입니다. '접붙임', 이 말은 농사 용어입니다. 수박은 한 자리에서 몇 해씩 농사지을 수 없습니다. 그렇게 하면 수박이 제대로 열리지 않는다고 합니다. 그렇다고 수박밭을 해마다 여기 저기로 바꿔가면서 농사짓기는 어렵습니다. 그래서 '박' 줄기에다가 수박 순을 잘라서 붙입니다. 이것이 접붙임

입니다. ‘접붙임’에 대해서는 검색해서 보시면 좋겠습니다.

수박순을 원래의 줄기에서 잘라내서 박에다 접붙이듯이, 우리는 그렇게 그리스도께 접붙여져서 그리스도의 일부가 됩니다. 그리스도와 하나가 됩니다. 그래서 그리스도의 아버지를 우리도 ‘아버지’라 부를 수 있습니다. 하나님의 자녀가 됩니다. 이게 세례의 의미입니다.

3. 세례는 이에 대한 약속입니다. 그리스도께 접붙여 주시겠다는 하나님의 약속이며, 그 약속을 확인시켜주는 도장입니다. 하나님의 도장입니다.

우리는 세례의 의미를 잘 모르고 받았을 수도 있습니다. 유아세례를 받았다면 더 그렇습니다. 하지만 잊지 말아야 합니다. 우리는 아무 것도 모르고 세례 받았더라도, 하나님은 알고 세례 주셨습니다. 그 의미를 모르셨을 리가 없지 않습니까? 다 아시고 약속하셨습니다. 우리가 그 약속을 거부하고 뛰쳐나가지 않는다면, 그 하나님의 약속은 언제나 유효합니다. 하나님은 신실하십니다. 변하지 않으십니다.

내가 너를 지명하여 불렀나니

너는 내것이라, 내 것이라

이 찬송이 세례의 의미를 잘 보여주고 있습니다.

96문 성찬이 무엇입니까?

답 1] 성찬은 그리스도께서 정하신 방식대로
빵과 포도주를 주고 받음으로써
그리스도의 죽음을 보여줍니다.
2] 이 성찬에 바르게 참여하는 사람은
그리스도의 몸과 피,
그리고 그리스도께서 주시는 모든 혜택을
함께 받습니다.
물론 물리적인 의미가 아니라
믿음으로 받습니다.
그래서 그들은 은혜 안에서
영적인 영양분을 공급받고, 자라납니다.

성찬이 대체 뭔가?

1. 그리스도의 죽음을 보여줍니다.
빵과 포도주를 먹고 마시면서 그리스도의 죽음을 봅니다.

2. 그리스도의 죽음에서 오는 혜택, 즉 그리스도께서 주시는 모든 혜택, 유익을 받습니다.

3. 물론 떡이나 포도주 자체가 이런 혜택을 주지는 않습
니다.

고린도전서 11:25입니다.

식후에 또한 그와 같이 잔을 가지시고 이르시되 이 잔
은 내 피로 세운 새 언약이니 이것을 행하여 마실 때
마다 나를 기념하라 하셨으니

성찬에 참여하는 사람은 주님의 새언약에 들어갔다는 뜻
입니다.

흐름을 잠시 짚고 지나갑시다.

그리스도께서 목숨값을 지불하신 속량을 성령께서 우
리에게 실행하실 때 우리는 그 속량을 누릴 수 있습니다
(29문답). 그렇게 실행하실 때 쓰시는 수단, 도구가 말씀,
성례, 기도입니다. 성례 중 하나인 성찬도 성령께서 우리는
구원하시는 수단입니다(88문답).

그러므로 성찬 때 성령께서 도와주시기를 기도해야 합
니다. 성찬의 빵과 포도주를 통해서 성령께서 구원의 생명
을 우리에게 전해주시도록 말입니다.

97문 성찬을 바르게 받기 위해서는
어떤 태도를 가져야 합니까?
답 성찬을 바르게 받으려면
1] 자신을 살펴야 합니다.
주님의 몸이 무엇을 의미하는지를
분별할 수 있는 지식이 있는지,
그리고 주님을 먹는 믿음,
회개, 사랑이 있는지,
그리고 하나님께 순종하는지를
확인해야 합니다.
2] 부적절하게 성찬상에 나아오면
자신에게 내려질 심판을
먹고 마시게 됩니다.

성찬에 참여하는 바른 태도

1. 성찬에 참여하는 사람은 자신을 살펴야 합니다.

되돌아보고 반성해야 합니다. 어떤 점을요?

1) 성찬이 무슨 뜻인지 아는가?

모른다면, 잊었다면 다시 생각해봐야 합니다.

2) 주님을 먹는 믿음이 있는가?

표현이 좀 거칠어 보입니다. 하지만 우리의 양식이 주님이심을 알고 있는지를 묻고 있습니다. 빵을 먹으면서 우리는 주님을 먹는다고 고백해야 합니다. 우리를 위해 몸이 찢어지고 피를 흘리신 그리스도의 죽음이 곧 우리의 생명이라고 믿는다는 의미입니다.

2. 이런 바른 태도가 없이 성찬에 아무렇게나 참석하면 벌 받는다는 사실을 명심해야 합니다.

98문 기도가 무엇입니까?

답 기도란 우리의 소원을
하나님께 말씀드리는 겁니다.
기도는 하나님의 뜻에 맞는 것이어야 하며
그리스도의 이름으로 드려야 합니다.
우리의 죄를 고백하고,
우리에게 베푸시는 하나님의 자비를
감사하면서 기도해야 합니다.

기도는 로또가 아닙니다.

3계명은 하나님을 이름을 함부로, 의미 없이 부르지 말라고 경고하고 있습니다. 이 3계명은 기도에도 적용되어야 합니다. 기도는 하나님의 뜻에 맞아야 합니다. 우리 욕심만 잔뜩 담아서 하나님께 중얼거리면 안 됩니다. 기도는 로또가 아닙니다.

1. 왜 그리스도의 이름으로 기도해야 할까요?

주님 아니면 우리는 하나님을 부를 수도 없습니다. 아버지 앞으로 갈 수도 없습니다. 그리스도의 이름으로 기도해야 한다는 이 가르침이 우리를 부끄럽게 합니다. 우리가 죄인임을 가르쳐 줍니다.

반대로 부끄럼도, 두려움도 없이 하나님을 '아빠'라 부르면서 기도를 시작할 수 있습니다. 우리는 그리스도의 이름을 가지고 있기 때문입니다. 그래서 그리스도의 이름으로 기도합니다.

2. 우리의 아버지로서 베풀어 주시는 자비를 감사하면서 기도해야 합니다.

99문 하나님께서 우리에게 주신
기도 매뉴얼은 무엇입니까?

답 하나님께서 주신 말씀, 곧 성경 전부가
기도를 잘 가르쳐 주고 있습니다.
그렇지만 특별히
그리스도께서 주님의 제자들에게 가르치신
기도문이 좋은 매뉴얼입니다.
이를 '주기도문'이라고 부릅니다.[8]

100문 주기도문의 서문은
우리에게 무엇을 가르쳐 줍니까?

답 주기도문의 서문,
'하늘에 계신 우리 아버지'라는 말은
자녀가 아빠께 다가갈 때처럼,
우리를 기꺼이 도우시려는 아빠께 다가가듯이,
거룩한 존경심과 확신을 가지고
하나님께 나아가야 한다고 가르쳐 줍니다.
또한 우리는 다른 사람들과 함께,
그리고 다른 사람을 위해서도 기도해야 합니다.[9]

---

8. The Lord's Prayer. '주님의 기도'라는 뜻.
9. '우리'라는 말이 이 뜻을 담고 있습니다.

우리 아버지

예수님께서는 하나님을 "아버지", 아빠라고 부르라고 가르쳐 주셨습니다. 기도 시작부분에서 벌써 우리가 틀리지 않았는지를 잘 봐야 합니다. '만군의 여호와 하나님' 같은 거창한 호칭으로 시작하기보다는 우리 아빠 하나님께 기도해야 합니다.

아빠에 대한 존경과, 아빠니까 우리에게 좋은 것을 주실 거라는 '확신'이 기도의 유일한 기초입니다.

마태복음 7:11
너희가 악한 자라도 좋은 것으로 자식에게 줄 줄 알거든 하물며 하늘에 계신 너희 아버지께서 구하는 자에게 좋은 것으로 주시지 않겠느냐.

101문 첫째 간구에서 우리는 어떤 기도를 드립니까?
답 "아버지의 이름을 거룩하게 하시며".
하나님께서 우리와 다른 사람들이
하나님께서 자신을 알리시는 모든 일에서
하나님을 높일 수 있게 되기를 기도합니다.
또한 하나님께서 모든 일을
하나님을 높이시는데 활용하시기를
기도합니다.

거룩한 아버지의 이름

하나님의 이름이 거룩하지 않게, 더러워질 수 있을까요? 그렇지 않습니다. 그런데 성경은 있다고 말합니다. 이스라엘 왕국이 망하고 바벨론으로 끌려 갔을 때 하나님께서 에스겔 선지자를 통해 여러차례 말씀하셨습니다. "내 거룩한 이름이 네 놈들 때문에 온 세상에서 더러워졌어."

에스겔 36:20

그들이 이른바 그 여러 나라에서 내 거룩한 이름이 그들로 말미암아 더러워졌나니 곧 사람들이 그들을 가

리켜 이르기를 이들은 여호와의 백성이라도 여호와의
땅에서 떠난 자라 하였음이라

하지만 하나님은 이 백성을 다시 구원하여 이스라엘 땅
으로 돌아가게 하심으로써 자신의 이름을 거룩하게 하시겠
다고 선언하십니다.

에스겔 39:25
그러므로 주 여호와께서 이같이 말씀하셨느니라. 내
가 이제 내 거룩한 이름을 위하여 열심을 내어 야곱의
사로잡힌 자를 돌아오게 하며 이스라엘 온 족속에게
사랑을 베풀지라.

결론

첫째 간구, "아버지의 이름을 거룩하게 하시며"는 "우리
를 구원하소서"라는 뜻에서 시작합니다.

102문 둘째 간구에서 우리는 어떤 기도를 드립니까?

답 "아버지의 나라가 오게 하시며."

이 간구는 이런 기도입니다.

1]사탄의 나라를 멸망시켜주세요.

2]은혜의 나라가 온 세계에 퍼져 나가서

　우리들과 다른 사람들이

　그 안에 들어가게 해 주세요.

3]영광의 왕국이 빨리 오게 해주세요.

　즉, 주님께서 다시 오셔서

　세상을 직접 다스려 주세요

나라=왕국

옛날에는 나라는 다 왕국이었습니다. 하지만 지금의 국가는 대부분 민주공화국입니다. 왕국도 있지만 실제로 왕이 통치하는 왕국은 그리 많지 않습니다. 왕국이라는 말이 성경을 이해하는데 도움이 됩니다. '아버지의 나라'는 하나님 우리 아버지께서 왕이신 왕국이라는 뜻입니다. "아버지의 왕국이 이 땅에 오기를 원합니다."

아버지의 왕국이 오기를 기도합시다.

소교리문답이 막바지에 이르렀습니다.

마지막 부분은 주기도문, 주님께서 가르쳐 주신 기도문입니다. 이 기도는 우리가 어떻게 기도해야 하는지를 잘 보여주는 매뉴얼입니다. 주님께서 직접 가르쳐 주신 매뉴얼입니다. 기도에 관한 다른 어떤 책들과 비교할 수 없습니다.

기도는 하나님의 자녀들이 하나님 '아버지'께 드립니다. 그러므로 하나님의 유일한 친아들, 예수님의 기도를 따라야 합니다.

주기도문은 여덟 부분으로 나눕니다. 하나님을 부르는 도입부, 그리고 여섯 간구, 마무리에 해당하는 영광송('나라와 권능과 영광은 영원히 아버지의 것입니다'), 이렇게 여덟 개로 나눕니다.

둘째 간구만 살펴보겠습니다. 아버지의 나라가 오게 되

기를 구하는 기도입니다. 이때 나라는 '왕국'입니다. 즉 하나님 아버지께서 왕이 되셔서 우리를 직접 다스려 주시기를 기도합니다. 우리를 보호해주시고 통치해 주시기를 기도해야 합니다.

또한 은혜로 다스리시는 아버지의 왕국, 은혜의 왕국이 더 확장되어서 우리와 우리 주변 사람들이 다 들어갈 수 있기를 기도합니다. 우리 주변 사람들이 예수님을 믿어 하나님을 아버지로 부를 수 있기를 원하는 기도입니다.

'아버지의 왕국이 오게 되기를' 구하는 이 기도에는 예수님의 재림을 원하는 기도가 포함되어 있습니다. 102문답 3항에 나오는 '영광의 왕국'이 오기를 원하는 기도가 바로 그겁니다. 이 영광의 왕국은 예수님께서 왕으로서 다시 오셔서 악의 세력을 심판하시고 영원히 지옥에 던지실 때 완성됩니다. 아버지의 나라가 완전하게 영광스런 모습이 됩니다.

우리는 왕이신 하나님께서 내 삶에 오셔서 다스려 주시기를 기도해야 합니다. 우리 안에 사탄의 가르침을 따르려는 마음을 이겨내고 오직 하나님의 다스림만을 받아들이기를 기도합시다. 부모님들, 우리의 자녀들을 하나님께서 지켜 주시기를 기도하지만, 다치지 않고 병들지 않고 행복한 가정을 꾸리기를 기도하지만, 우리의 자녀들이 왕이신 하나님의 말씀을 잘 따르기를 구하는 기도는 잘 빼먹지는 않는지요? 하나님과 상관없는 행복만을 기도하고 있지는 않습니까?

우리는 주님께서 가르치신 대로 기도하고 있습니까? 주기도문을 마저 배우면서 우리의 기도를 바로 잡아나갑시다.

103문 셋째 간구에서 우리는
어떤 기도를 드립니까?
답 "아버지의 뜻이 하늘에서와 같이
땅에서도 이뤄지게 하소서."
하나님의 은혜로
우리가 모든 일에서 하나님의 뜻을
알고, 따르고, 순종할 수 있게 해주시기를,
그리고 그런 마음이 생기게 해 주시기를
기도합니다.

아버지의 뜻, 내 뜻

"아버지의 뜻이 하늘에서와 같이
땅에서도 이뤄지게 하소서"

우리는 이 기도를 거꾸로 합니다. "땅에서 계획한 내 뜻대로 하늘에서도 이뤄지게 해 주십시오." 내가 계획한 대로 하나님 결재해주세요, 처럼 들립니다. 우리의 기도가 이런 식으로 떼를 쓰고 있지는 않는지 늘 살펴야 합니다.

주기도문, 주님께서도 하신 기도

주기도문, 주님의 기도. 주님께서 가르쳐 주신 기도라는 뜻입니다. 하지만 주님도 똑같은 기도를 하셨습니다. 어? 언제요? 겟세마네 동산에서 십자가에 달려 죽을 일을 앞에 두고 기도하실 때입니다.

마태복음 26:42

다시 두 번째 나아가 기도하여 이르시되 내 아버지여 만일 내가 마시지 않고는 이 잔이 내게서 지나갈 수 없거든 아버지의 원대로 되기를 원하나이다 하시고

1) 내 아버지여

우리 아버지를 부르면서 기도하라고 가르치신 대목과 일치합니다.

2) 아버지의 원대로 되기를 원하나이다.

주님은 겸손히 아버지의 뜻을 기도합니다. 주님 자신의 소원, 십자가를 피하고 싶은 그 뜻보다 예수님께 맡겨진 백성, 하나님의 자녀들을 구원하시려는 아버지의 뜻이 이뤄지기를 기도합니다. 아버지의 뜻이 이뤄지기를 기도하라고 가르치신 주님은 자신도 그렇게 기도를 하셨습니다.

103문 셋째 간구에서 우리는
어떤 기도를 드립니까?
답 "아버지의 뜻이 하늘에서와 같이
땅에서도 이뤄지게 하소서."
하나님의 은혜로
우리가 모든 일에서 하나님의 뜻을
알고, 따르고, 순종할 수 있게 해주시기를,
그리고 그런 마음이 생기게 해 주시기를
기도합니다.

주님도 하신 기도

셋째 간구에서 주님께서 보여주신 기도의 본을 살펴봤습니다. 주님께서 하신 기도는 주기도문의 기도와 똑같습니다. 한번 볼까요?

마태복음 26:42 γενηθήτω τὸ θέλημά σου.

마태복음 6:10. γενηθήτω τὸ θέλημά σου.

이게 그리스어입니다. 그리스어 안 배우셨어도 상관없습니다. 단순히 글자 생김새만 비교해봅시다. 똑같죠? 아래가

주기도문입니다. 주님께서 친히 가르치신 대로 주님 자신
도 기도하셨습니다. 가장 절박한 기도에서 주님은 가르치
신 대로 기도하십니다.

주기도문은 초신자용이 아닙니다. 주기도문은 주님도 하
신 기도문입니다. 가장 수준 높은 기도입니다.

104문 넷째 간구에서 우리는
어떤 기도를 드립니까?
답 "오늘 우리에게 일용할 양식을 주시고."
우리는 하나님께서
우리가 사는 데 필요한 모든 것을
모자라지 않게 선물로 주시기를 기도합니다.
또한 그 선물과 함께 하나님께서 주시는 복을
우리가 즐길 수 있게 해주시기를 기도합니다.

우리의 양식, 우리의 걱정

이 기도에서 주기도문이 '우리'의 기도임을 생각하게 됩니다. **"우리는 우리라는 말에 너무 익숙해서 우리의 의미를 모릅니다."**

우리 집 양식 걱정, 우리는 이 기도를 우리 집에서만 합니다. 주님은 이 기도를 우리 교회 모든 성도를 위한 기도로 하라고 하셨는데 말입니다.

'우리의 기도'에 대해서는 주일에 좀 더 살펴보겠습니다.

105문 다섯째 간구에서 우리는
어떤 기도를 드립니까?
답 "우리가 우리에게
잘못한 사람을 용서하여 준 것 같이
우리 죄를 사하여 주시고."
우리는 우리의 모든 죄를
그리스도를 봐서 우리 모든 죄를
용서해 주시기를 기도합니다.
우리가 이렇게 기도할 수 있는 것은
그리스도의 은혜로
다른 사람들을 진심으로
용서할 수 있게 되었기 때문입니다.

1. 우리의 죄, 우리의 회개

자기 죄는 자기가 회개하고 용서를 빌어야 합니다.

그런데 왜 주님은 우리의 죄, 내 죄가 아니라 우리 모두의 죄 용서를 기도하라고 하실까요? 형제의 죄가 내 죄처럼 부끄럽고 교회의 죄가 내 죄인 듯이 하나님 앞에서 가슴 아파야 진짜 하나님 자녀입니다. 예수님과 함께 하나님을 "아빠"라고 부를 수 있는 사람은 그래야 합니다.

2. 무서운 기도?

"우리가 형제를 용서한만큼만 우리 죄를 용서해주십시오." 이 기도는 자칫 이런 무서운 기도가 될 수 있습니다. "우리를 용서하지 마십시오. 우리가 형제를 용서하지 못했으니까요." 이런 위험 때문에 주님은 주기도문 뒤에 이런 말씀을 덧붙이셨습니다.

마태복음 6:14-15

너희가 사람의 잘못을 용서하면 너희 하늘 아버지께서도 너희 잘못을 용서하시려니와 너희가 사람의 잘못을 용서하지 아니하면 너희 아버지께서도 너희 잘못을 용서하지 아니하시리라

부끄러운 마음으로 죄를 용서해주시기를 기도해 본 사람만 남을 진심으로 용서할 수 있다는 뜻이기도 합니다. 하나님을 '아빠'라고 부르면서 기도를 할 수 있는 사람은 하나님의 용서를 이미 경험했습니다. 그러므로 내가 잘못을 저지른 형제도 용서할 수 있습니다. 아니, 그래야 합니다.

105문답을 다시 읽어 봅시다.

106문 여섯째 간구에서 우리는 무슨 기도를 합니까?

답 "우리를 시험에 빠지지 않게 하시고,

악에서 구하소서."

하나님께서 우리를 지켜주셔서

유혹에 빠지지 않게 해주시길 기도합니다.

그리고 우리가 유혹 받을 때

우리를 붙들어 주시고, 건져 주시기를

기도합니다.

우리를 겸손하게 만드는 기도

"우리가 유혹에, 시험에 빠지지 않게 해 주십시오."

우리가 유혹에 쉽게 빠질 수 있고, 결심도 무너질 수 있다는 사실을 인정할 때만 할 수 있는 기도입니다.

우리를 잘 아시는 주님께서 이 기도를 하라고 가르치셨습니다. 부끄럽네요. 우리를 꿰뚫어보고 계십니다. 겸손하게 무릎꿇고 날마다, 때때로 기도합시다. 유혹에 잘 걸려드는 저를 붙잡아 주십시오.

이런 찬송가가 있죠. "주의 은혜 사슬 되사 나를 주께 매소서." 찬송가 28장 3절입니다. 주님의 은혜가 쇠사슬 마냥 우리를 꽁꽁 묶어서 주님께 붙들어 매 주십시오.

107문 주기도문의 맺음말은 어떻게 되어 있습니까?

답 "나라와 권능과 영광이 영원히
아버지의 것입니다.
아멘!"
우리가 기도할 용기를 오직 하나님께만 받으며
우리의 기도에서 하나님을 찬양하고
하나님의 나라와 능력과 영광을 인정해야 한다고
가르쳐줍니다.
우리의 바람과
우리의 기도를 들어주시리라는
확신을 표현하기 위해
'아멘'이라 말합니다.

주기도문의 근거

주기도문의 마지막 구절은 우리가 이런 기도를 할 수 있는 근거를 제시합니다. 우리는 무슨 배짱으로 감히 하나님께 기도할 수 있을까요?

1. 왕국(나라)와 권능(힘)과 영광은 영원토록 아버지의 것이기 때문입니다.

우리의 죄를 용서할 권능은 하나님 아버지께 있습니다. 하나님의 왕국이 하나님의 것이기 때문에 그 왕국이 우리에게, 이 땅에 임하기를 기도할 수 있습니다. 매일 먹을 양식을 우리 아버지께 기도해야 합니다. 아버지는 그럴 능력이 있으니까 그렇게 기도합니다. 아버지의 이름이 거룩하게 되기를 기도합니다. 이 기도는 교리문답 1문답, "하나님을 높임"과 같은 의미입니다. 우리가 하나님이 더 높아지기를 기도해야 하는 이유는 영광은 하나님의 것이지 우리의 것이 아니기 때문입니다.

2. 아멘

아멘은 "맞습니다, 옳습니다, 동의합니다"는 뜻입니다. 하나님께서 우리의 기도를 들어주신다는 확신을 표현하는 말입니다.

'우리'의 기도, 주기도문

예수님의 제자들, 그 분들의 제자들 시대부터 교회는 새 신자들에게 세례를 베풀 때, 세 가지 질문을 서약했습니다.

1. 하나님을 아버지로 믿느냐?
2. 예수님을 그리스도이며 하나님의 아들로 믿느냐?
3. 성령님을 믿느냐?

교회나 영생, 부활은 성령님의 역할에 포함되어 있습니다. 세월이 지나면서 예수님에 관한 고백도 점점 길어져 지금의 사도신경이 되었습니다. 이 사도신경은 '나'가 주어입니다. "나는 ~ 믿습니다."

세례는 주로 교회당 입구에서 시행했습니다. 세례를 받으면 교회 안으로 걸어 들어갑니다. 갓 세례받은 신자가 이미 모여 있는 교회와 함께 예배를 드립니다. 예배 시간마다 성찬식이 있었습니다. 그리고 그 성찬식에서는 '주기도문'

으로 함께 기도를 했습니다. 각자 예수님을 믿어서 삼위 하나님 '안으로' 들어가는 세례를 받은 성도는 이제 교회의 일원이 되어서 함께 '우리의 기도'인 주기도문으로 기도합니다. "우리 아버지"께 그 아버지의 자녀들이 형제가 되어 함께 주기도문을 기도합니다.

우리나라 사람들은 '우리'라는 말에 너무 익숙합니다. 형제가 없는 외동아들이 친구를 집에 데려왔습니다. 엄마께 인사를 시킵니다.

"친구야, 인사드려. 우리 엄마."

여기서 '우리'는 누구 누구죠? 우리는 '나+다른 사람'입니다. 그런데 이 외아들은 '우리 엄마'라고 합니다. 다른 형제도 없으면서도 "내 엄마"라고 하지 않습니다. 이렇게 '우리'라는 말이 너무 익숙하다 보니 주기도문의 기도가 얼마나 의미 심장한 기도인지 모릅니다. 정말 어마어마한 기도입니다.

"우리"의 기도

1. 우선 일용할 양식, 매일 먹을 양식을 "내가 먹을 밥"만 달라고 기도해서는 안 된다고 가르쳐 줍니다. 우리의 양

식을 기도하라고 하셨습니다. 예를 들어 설명하죠. 어떤 사람에게 자식 셋이 있었습니다. 다들 결혼했습니다. 그런데 막내가 사업이 망해서 심하게 어려워졌습니다. 당장 먹을 것까지 걱정해야 할 정도가 되었습니다. 큰 아들이 부모님께 말합니다. "막내가 걱정입니다". 하지만 말만 하고 끝이라면 큰아들이 막내 동생을 위해서 하는 걱정이 진심이라고 볼 수 없지 않나요?

그리스도인은, 교회는 내 양식만을 위해서 기도하면 안 됩니다. 예수님이 가르쳐 주신 기도의 방식이 아닙니다. 그렇게 기도해서는 하나님 '우리 아버지'께서는 들어주지 않으십니다. 기도하기 전에 '내 것'을 나눠주면 됩니다.

2. 하나님께 용서를 빌 때도 '우리'의 잘못을 빌어야 합니다. 우리 죄를 용서하소서. 하나님께 죄 용서를 빌고 회개할 때는 자기 잘못을 인정해야 합니다. 용서받고 구원받아 하나님의 백성이 되는 것은 개인의 몫입니다. 각자가 해야 합니다.

하지만 주님은 함께 죄사함 받기를 기도해야 한다고 가르쳐 주십니다. 남의 죄를 보고 비난하고 손가락질 하는 사람은 '교회'를 이야기할 자격이 없습니다. 한국교회가 문제가 많다고 흥분해서 욕하는 사람들이 교인들 중에도 많습니다. 주님은 말씀하십니다. 남의 잘못을 자기 잘못처럼 가슴 아파하고 내 죄와 똑같이 슬퍼하며 회개할 줄 모르는 사람은 '우리 아버지'께 기도할 자격이 없습니다.

교회는 예수님께서 우리 죄를 대신해서 벌 받으셨기 때문에 그분 덕분에 모두가 하나님의 자녀가 된 사람들의 모임입니다. 하나님의 자녀들은 하나님 '아버지'께 우리 모두의 문제를 두고 기도하라고 주님께서 가르쳐 주셨습니다. 형제의 고통을 외면하는 사람, 하나님은 그 사람을 외면하실 겁니다.

예수님의 이름으로, '우리 아빠'께 '우리'의 문제를 함께 기도합시다.